비평을 넘어선 복음적 성경읽기

해체적 성경해석에 대한
반론과 대안

|

송창원 지음

사랑마루
SARANGMARU

추천글

비평을 넘어선 복음적 성경읽기:
해체적 성경해석에 대한 반론과 대안

송창원 목사님은 미국의 저명 대학에서 신약학을 전공한 학자입니다. 목회자로서 꾸준하게 교회의 현장을 지키신 분이 이 책을 통하여 우리 설교자들과 신학자들이 다루어야 할 시급하고도 꼭 필요한 질문을 예리하게 설파하고 있습니다. 그리고 이러한 시도와 노력은 매우 시의적절할 뿐 아니라 의미심장한 것이라고 여겨집니다. 일부라고 말하기는 다소 무리가 있는 꽤 많은 신약과 구약의 성서학자들이 성경을 하나님의 말씀으로 이해하기보다는 일반적 문서비평이 적용될 수 있는 문서로서의 성격을 더 강조하기 때문입니다. 이러한 현재의 염려스러운 학문적 현장을 아주 간결하게 10개의 질문으로 압축하여 설명하고 거기에 복음주의적인, 하나님의 성경을 영감된 말씀으로 보려는 아주 건설적인 해석학적 입장에서 진지하게 답변을 제시하고 있습니다.

좀 더 자세히 이 책의 구조를 살펴보면 크게 두 단락으로 나누어지고 첫째 단락에서는 오늘날 문제가 되는 문서비평의 다양한 질문들을 다루고 있고 두 번째 단락에서 주석적 상황에서 성경의 내용들을 설명하면서 그 계시적 의미를 찾아가고 있습니다. 제1부가 다루는 이론적 내용은 다시 현대 신약을 이해하기 위해 다루어야 할 5개의 내용으로 요약하고 있습니다. 무엇보다 먼저 첫째 문서자료설의 인문주의적 가정들이 놓치고 있는 다른 가능성을 상기시켜 놓았습니다. 특별히 Q자료설이 품고 있는 심각한 비 복음적 전제를 적절하게 지적하고 있으면서 보다 더 정경 자체의 구조를 해석학적으로 받아들일 것을 요구하는 것입니다. 바울서신을 이해하기 위한 전제들, 초대교회에서 가장 심각한 문제로 등장하고 있는 영지주의의 영향, 역사의 의미가 특별히 강조된 오늘날 성경 이외의 여러 기록이 복음의 사건과 겹치거나 그 배경을 그리는 듯한 보고들이 있으며 그것이 가지는 해석학적 의미, 마지막으로 요한복음과 공관복음 사이의 차이에서 갖게 되는 상호보완의 의미 등을 다룹니다. 제2부에서는 아주 흥미진지한 복음서의 내용들이 해명되면서 말 그대로 그 복음서를 해석해야 할 원리들을 제시하고 있습니다. 이를 통하여 송 목사님은 실제로 우리가 하나님의 성경을 이해하고 해석하고자 할 때 가져야 할 우리의 기본태도를 제시하고 있습니다.

아주 짤막한 글이지만 이 책은 오랜 시간 고민하지 않으면 해낼 수 없는 놀라운 작업이라고 생각됩니다. 간결하지만 핵심적 요점을 가지고 강력하게 복음적인 대답을 하고 있으며 누구라도 하나님의 진리를 지키려는 사람이라면 반드시 읽어야 하는 소중한 보고입니다. 우리 성결교회의 목사님께서 이토록 훌륭한 작업을 시도해 주신 것에 감사드리며 복음주의적 성서해석의 원칙에 대해 목마르셨던 분들은 일독해 주실 것을 추천합니다.

2023. 12. 10 서울신학대학교 총장 황덕형

프롤로그

에피소드 I

뉴저지 소재 대학교 앞에 위치한 미국 감리교회에서 주일예배가 진행되던 중이었다. 그날 설교 본문을 낭독하기 위해 강단에 선 장로님이 먼저 본문을 소개하였는데, 대체로 이런 내용이었다. "이 서신은 바울이 쓴 것으로 인정되지는 않는 서신입니다. 그러나 이 시간 설교 본문으로 읽겠습니다..." 그 예배에 참석하고 있었던 필자는 도대체 왜 그 장로님이 강단에서 그런 설명을 굳이 하였는지 이해를 할 수 없었다. 아마 추정컨대 그 대학교에서 신학으로 박사학위를 취득한 담임목사가 교회에서 성경 공부 시간 같은 것을 통해 성도들을 그렇게 가르치지 않았나 싶고, 그 장로는 갓 갖게 된 나름 신선한 지식을 성도들에게 드러내고 싶은 생각을 하지 않았을까 싶다. 필자가 수학을 하고 박사학위를 취득한 바로 그 학교 앞 교회에서 일어났던 일이다. 그 담임목사가 학위를 취득한 학교도 바로 그 학교여서, 그는 나와 동문 관계이기도 하다.

에피소드 II

필자가 미국에서의 배움과 가르침의 시간을 마무리하고 귀국하기 전, 영적으로 좀 더 새롭게 하고 충전하기를 원하는 마음으로 청년 사역지를 구한 적이 있었다. 주님의 선하신 인도하심으로 뉴저지 소재 구세군 교회에서 1년 동안 사역하면서 하나님의 크신 통치를 감격적으로 경험할 수 있었는데, 그곳에서 늘 주님의 기쁨 되기를 소망하며 살아가고 있는 뉴저지 주립대학교(Rutgers) 학생 한 명을 만나게 되었다. 뉴저지 주립대학교는 필자가 그때로부터 2년 전에 겸임교수로 신약 과목들을 가르쳤던 학교였는데, 바로 전 학기에 성경을 더 알기 위한 순수한 신앙적 열정으로 신약 과목을 수강했던 그 학생은 오히려 그 강의 시간에 너무 혼란스럽고 실망스러운 경험을 하였음을 나에게 토로하였다. 그도 그럴 것이 그 학교에서 신약을 가르치고 있는 교수는 학문적으로는 나름 저명한 사람이었지만, 예수님의 가르침과 생애에 대해 매우 비판적이고 기실 몹시 부정적인 관점으로 접근하는 사람이었고, 그런 학문 활동을 활발히 하는 사람이었다. 여러 대화를 함께 나누면서 그 청년은 필자의 강의를 그 학교에서 들을 수 있었더라면 얼마나 좋았을까 하는 아쉬움을 나타내면서, 미국 대학에 개설된 성경 과목을 자신과 같은 순진한 목적으로 수강했다가 실망하고 시험 드는 학생들이 너무 많다는 안타까움을 피력한 적이 있다.

유감

한국의 소위 복음주의 전통에 서 있다고 하는 신학교육 기관에서도 이러한 현상은 크게 다르지 않아 보인다. 이제는 많은 신학도가 마태복음보다는 마가복음이 먼저 쓰였다고 당연히 생각하고 있고, 소위 Q 자료와 마가자료를 기본으로 하여 공관복음서가 쓰였다고 여긴다. 바울서신 중 일부는 바울이 쓴 것이 아니라고 하는 주장도 아주 편만하게 그리고 자연스럽게 수용되고 있다. 이 글을 읽는 신학도 이상의 독자 중에는 그러면 필자는 그렇지 않다고 주장하는 것이냐고 이미 고개를 갸우뚱하며 반문하는 분들이 있으리라 생각된다. 문제는 계몽주의 이후 고안되고 발달한 문서비평의 기법과 관점으로, 성경이 쓰인 후 1,700여 년 동안 거의 이론 없이 받아들여졌던 성경에 대한 이해를 너무 쉽게 파괴하였다는 사실이다. 1,700여 년 동안 받아들여졌던 성경에 대한 이해는 원 성경의 문서, 언어, 맥락, 배경 모두를 그 어느 시대보다도 더 잘 알았던 초기 교회들에 의해, 사도들의 직계 제자들도 포함한 교부들에 의해 인정된 내용이라는 점은 결코 가볍게 취급되어서는 안 된다. 본문비평에 의한 성서에 대한 평가는 확정된 팩트가 아닌 여전히 비판에 열려있는 하나의 이론으로 다루어져야 한다는 것이 학문을 하는 필자의 입장이다. 또한, 결국 신앙과 신학은 입장이 있을 수밖에 없으며, 복음주의적 입장에서의 해체적 성서 비평에 대한 접근과 수용은 지극히 신중해야 하고, 적어도 매우 선별적이어야 한다는 점은 확실히 짚어질 필요가 있다.

의도와 바람

성경의 역사성과 권위에 대한 철저한 인정과 신뢰는 복음적 신앙의 근간이고 모든 복음주의 신학의 출발점이다. 이에 대한 확신과 그를 뒷받침하는 이론적 정립이 없이는 진리로서의 성경을 힘이 있게 증거하는 일 자체가 그 동력을 현저히 상실할 수밖에 없다. 그러나 이미 세상에는 해체적 성경 비평이 만연해 있고, 일반 교육기관에서는 그 비평적 성경해석이 이의를 제기할 수조차 없는 정도의 입증된 학문적 정설로 받아들여지고 있으며, 소위 복음적 입장에 서 있는 많은 학교에서도 그런 입장이 거의 무비판적으로 전달되고 있다. 그러나 필자의 신앙적일 뿐 아니라 지금까지 견지해 오고 나름 치열한 학문 행위를 통해 입증해 오고 있는 입장은 성경 자체가 증명하는 역사성과 합리성은 내증과 외증으로 충분히 설득력 있게 논증될 수 있다는 것이다.

이러한 입장에서, 복음주의 신학의 위기를 심각하게 느끼고 있는 필자로서 문서 비평적 관점의 성경 읽기에 대해 그 학문적, 논리적 약점을 드러내고, 그에 반한 복음주의적 성경 읽기의 대안을 제시함과 함께, 그러한 성경 읽기의 관점을 실제 성경읽기에 어떻게 적용하는가를 본서에서 실례로 다루어보았다. 본 저서에 수록된 10개의 소논문은 저자가 학문에 몸담아 오고 가르쳐오면서 복음주의 성서학자로서 고민하고 학생들에게 가르치던 주요 주제들에 포함되어 있던 것들이며, 난해한 신학적인 내용으로 그치지 않고 그 신학적 이해가 어떻게 바르고 은혜로운 성경 읽기에 도움이 될 수 있는지를 적용한 것이다.[1] 본서가 성경과 신앙의 영역에 있어서 신학도 이상의 전문가적 입장에 있는 사람뿐 아니라 성경과 신학에 기본 소양을 갖춘 평신도들도 함께 관심을 두고 읽으면서 복음적인 성경 이해에 도움을 받을 수 있는 도구가 되기를 바라는 바이다.

---

1) 본서 내의 관찰, 논지, 주장은 필자의 독창적인 것임으로, 본서의 연구결과를 인용할 시는 표절이 되지 않도록 출처를 밝혀 사용해 주시기를 요청드린다. 아울러, 필자가 본서를 집필하면서 소개하는 어떤 학설이 현재 너무 보편화 되고 일반화되어 굳이 원출처와 그 역사적 경과를 밝힐 필요까지는 없다고 판단되는 경우에는 인용 설명을 하지 않았으며, 필요한 경우에는 글을 써나가면서 출처를 밝혀 표절과 관련한 시비가 발생하지 않도록 하였음도 밝혀둔다.

목차

PART 1: 이론편
문서비평에 관한 비판적 성찰

PART 2: 주석편
문서비평 너머 성경본문 의미 찾기

Part I
이론편

문서비평에 관한 비판적 성찰

1장

'문서자료설'은 입증되었으며 신뢰할만한가?

– '문서자료설'에 대한 복음주의 성서신학의 평가

사복음서 중 처음 세 복음서는 그 특성상 공관복음으로 불리면서, 상호 간의 유사성과 다양성 둘 다가 비상한 주목을 받아왔다. 각 복음서가 각기 다른 저자에 의해 쓰였으므로 해서 오는 상이성은, 그 네 명의 저자들의 예수님에 대한 경험과 평가가 다른 각도에서 이루어졌음을 이해함으로 해석되어 왔다. 그러나 동일한 사건으로 보이는 한 사건에 대하여 각 복음서 사이에 간혹 현저한 차이가 발견될 때가 있다. 심지어 장소명과 사람의 이름, 사건이 일어난 시각, 또는 언행의 핵심적인 부분에서 차이를 발견할 때가 있다. 이런 경우 어떻게 그 차이점을 이해해야 할 것인가는 성서학자들의 진지한 해석학적 과제가 된다.

그 상이성 못지않게 사복음서 간의 유사성도 성서학자들에게는 중요한 연구과제이다. 어떤 경우에는 한 사건에 대해 어휘사용과 어순에 있어서까지 같은 경우들이 있다. 적지 않은 경우에 한 사건에 대한 어휘사용과 어순에 있어서까지 같다. 이러한 현상은 자연스럽게 복음서들 간의 정보의 공유나 정보교환 등을 추정하게 하였다. 이 현상을 설명하기 위해 학문적으로 지금까지 다양한 시도들이 있었는데 그 대표적인 이론들은 '구전설', '상호의존설', '문서자료설', '양식비평'과 '편집비평' 등이다.

복음서의 기원에 대한 이론들

'구전설'이란 19세기 이전까지 지배적이었던 이론으로, 사도적 권위를 가졌던 성경기자들이 당시의 구전되던 예수님의 말과 행적을 기록으로 옮겼다는 이론이다. 그러나 그리스바흐(J. J. Griesbach)는 복음서 간의 유사성은 문헌상의 실재적인 상호 의존을 통해서만 설명될 수 있다고 보아 '상호의존설'을 주장하게 되고, 어거스틴의 주장을 따라 마가가 마태를 축약했다고 보았다.

그 후 학자들은 마가의 약 90%가 마태에, 57%가 누가에 재현되고, 마가에는 없으나 마태와 누가에서 공통으로 발견되는 약 230절이 있다는 점에 주목하여, 후자의 자료를 Q(독일어 Quelle: 기원)라고 명명하고, 공관복음서의 기본이 되는 자료는 마가와 Q 두 문서라는 이론을 제시하게 된다(도표 1). 이 가설은 후에 스트리터(B. H. Streeter)에 의해 '네 문서설'로 발전하는데, 이는 기존의 '두 문서설'을 인정하면서 마태와 누가가 스스로 독창적인 자료를 가졌음을 주장하는 것으로서 기본적으로 '두 문서설'을 크게 벗어나지 않는다(도표 2).

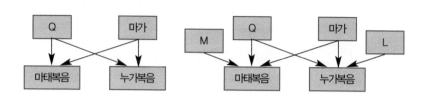

도표 1. '두 문서자료설'   도표 2. '네 문서자료설'

이 둘 또는 네 문서설을 따를 경우 복음서의 집필 순서는 자연히 Q와 마가가 우선이고 마태와 '누가'는 그다음이다. 이 '문서자료설' 이후, 문서 자료 이전의 구전 단계와 복음서를 요청하게 된 공동체의 필요, 편집자들의 신학 등에 더 관심을 둔 '양식비평'과 '편집비평'이 소개되었으나, '문서 자료설'은 여전히 복음서의 기원을 설명하는 기본이론으로 보편적으로 인정되고 있는 경향이다.

문서자료설의 불확실성과 문제들

그러나 '문서자료설'만이 복음서의 저작 상황을 설명하는 유일한 정설이 아님은 분명히 인식되어야 한다. 문서자료설도 본문비평을 통해 복음서의 기원을 설명하려고 하는 여러 시도 중 하나일 뿐이다. 이 '자료설' 이후 많은 반론이 등장하고 새로운 가설들이 제시되고 있으며, Q를 인정하는 학자들 사이에도 그 세부적인 내용에 관해서는 의견 차이가 크다는 것 자체가 Q의 존재와 그에 입각한 자료설이 입증된 정설이 아님을 방증해 준다. 그럼에도 불구하고 대부분의 인문대학과 신학교 안에서, 심지어 복음주의 계열에 서 있다고 자인하는 교단의 신학교 안에서도 문서자료설은 복음서의 기원을 밝힌 검증된 이론이며 '대세'로 인정되고 있는 경향이다. 그러나 Q의 존재와 마가복음 우선설은 아직도 여러 문제를 안고 있다. 그중의 대표적인 문제점 및 약점들은 다음과 같다.

● 무엇보다도 초기 기독교인들은 Q에 대해서 전혀 언급하지 않고 있다. Q자료가 실제로 존재했었다면 왜 그 사도적 자료가 사라졌는지에 대한 어떤 추정도 어렵다. 현대 성서신학자들이 재구성한 Q 자체는 당시 실제로 존재하였던 영지주의같이 당시 신학적으로 문제시되었던 문서가 아니었다. 그렇다면 왜 Q는 사라지거나 폐기되었는지, 왜 그 자료에 대해 아무 언급이 없는지 적절한 설명이 어렵다.

● Q는 마태와 누가 중 하나가 다른 하나를 사용했을 가능성을 배제하고, 또한 두 복음서 기자가 용어나 문체에서 매우 일치하는 많은 공통 재료를 구전으로부터 활용했을 어떠한 가능성도 배제할 때만 도출될 수 있는 이론이다. 그러나 그 가능성은 여전히 남아있다. 사실 복음서 기자들이 동일한 구전자료를 정확히 인용했을 가능성은 긍정적으로 고려되어야 한다. 유대인들에게는 한국을 비롯한 동양의 옛 교육이 그러했듯이 철저히 암기하는 교육이 중요했었다. 이스라엘과 아말렉의 싸움에서 큰 승리를 거둔 후에 하나님은 모세에게 "이것을 책에 기록하여 기념하게 하고 여호수아의 귀에 외워 들리라"(출 17:14)고 하셨다. 현대인의 잣대로 유대인의 암기교육의 보편성과 그 능력을 쉽게 평가절하해서는 안 되며, 복음서 기자들이 동일한 내용을 구전으로 전달받고 정확히 많이 인용할 수 있었을

가능성은 충분히 고려되어야 한다.

● '문서자료설'은 복음서가 기록되는 동안 복음서 기자들이 같이 살면서 접촉했을 가능성을 간과하고 있다. 그러나 성경은 그 가능성을 보여준다. 특히 복음서의 기자인 마가와 또 다른 기자인 누가의 경우에는 그 접촉의 가능성이 높다. 마가 요한의 집은 초대교회의 거점이었고(행 12:12) 따라서 마가는 사도들과 자연스럽게 밀접한 교제를 나누었을 것이고, 그는 바울과 함께 예루살렘과 이방을 넘나들며 사역을 함께하였다(행 12:25; 13:5, 13; 15:37-39). 빌레몬서에서는 마가와 누가가 바울과 함께 있음을 증언한다(몬 24). 디모데후서는 바울이 누가와 함께 있으면서 마가를 데리고 오라는 요청을 했음에 대해서도 증언한다(딤후 4:11). 이러한 사실은 마태와 마가가 예루살렘에서, 마가와 누가가 이방 선교 중에 서로 충분히 접촉했고, 복음에 대한 공통된 전승에 대해 충분히 이해를 함께 했을 가능성을 제시해 준다.

● 마가의 기록 양식이 다른 복음서들에 비해서 더 초기적이라는 데 대해서는 많은 연구들이 있었으나 이 또한 해석과 접근방식의 차이인 경우가 많고, 그에 반하는 현상들도 충분히 제시될 수 있다. 예를 들어, 문서비평의 중요한 원칙 중 하나는 후대의 자료일수록 설명적이 되고 길어진다는 것이다. 이 원칙을 공관복음에 적용하여 이해하면 외형적으로는 마가복음 우선설이 설득력 있게 보인다. 복음서의 전체 양으로 보면 마가복음이 마태복음보다 훨씬 짧기 때문이다. 그러나 그 이유는 마태가 마가에

없는 사건을 많이 다루고 있기 때문이다. 같은 사건에 대한 마태와 마가의 기록을 비교해 보면 오히려 마가의 기록이 긴 경우가 많다(ex. 세례요한의 죽음(막 14:1-12; 막 6:14-29), 뇌전증(간질병) 걸린 아들 고치심(마 17:14-20; 막 9:14-29), 아이들 축복하심(마 19:13-15; 막 10:13-16)). 이러한 현상은 마가복음 우선설이 여전히 불확실한 가설임을 나타내준다.

복음주의 입장에서 본 문서자료설의 숨은 덫과 위험성

'문서자료설'은 학문적으로 여전히 불안할 뿐 아니라 성경의 절대 권위를 주장하는 복음주의 노선에 서 있는 사람들이 경계해야 할 요소들을 적지 않게 갖고 있다.

● 마태의 저자와 누가의 저자가 그들의 복음서를 기록하면서 마가와 Q라는 전혀 상이한 두 자료를 주 자료로 사용하면서 조합했다는 사실의 인정은 그 저자들이 실재적으로 마태와 누가라는 1세대 크리스챤이 아니었을 가능성에 더 무게를 두게 하며, 마태복음과 누가복음이 교회 초기시기에 사도적 권위를 가진 저자들에 의해 기록되었다는 주장을 약화한다.

● 마가와 Q는 예수님의 행적에 대한 내용에 있어서 연관성이 없는 두 자료인데, 예수님의 행적에 대해 완전히 다른 내용의 두 자료가 존재했고, 그 자료들이 다음에 마태와 누가의 저작에 사용되었을 것이라는 이론에 대한 인정은 예수님의 행적에 대한 역사성에도 치명적 손상을 입힐 수 있다. 어떤 실재한 인물에 대해 거의 공통부분이 없는 두 기록이란 가능하지

않아 보이기 때문이다. 한 실재한 인물에 대해 전혀 다른 두 기록이 가능할까? 실재하신 예수님의 행적과 말씀에 대해서 기록한 자료들은 공통부분이 있는 것이 당연하다.

● Q라는 부분을 재구성하면, 예수님의 수난, 죽음, 부활 부분이 없고 예수님의 말씀을 주로 담은 어록집이라는 형태를 갖춘다. 그렇다면 이러한 문서가 신앙적인 문서가 될 수 있을까? Q의 실재를 믿는 학자들은 Q가 초대 교회의 입교 교육의 필요성에 의해 만들어지게 되었다고 주장하지만, 사실 Q라는 문서가 있었다면 그 문서의 신학은 예수님의 대속적 죽음과 부활이 없는 신학, 즉 단적으로 말하여 신앙이 없는 신학이다.

● 문서자료설은 현재 우리가 소유하고 있는 결과물인 복음서들 자체를 최종적이며 유일하게 권위가 있는 문서로서 받아들이기보다는 그 복음서들 이전에 있던 '원 자료'에 대한 중요성을 더 우선하는 방향으로 나가기 쉽고, 그 외의 비 정경 자료들에 대한 관심과 인정으로 확장되어 나가기 쉽다는 점도 주지되어야 한다. 사실 Q의 존재와 그 중요성에 대한 인정은 어록집의 성격을 가진 영지주의 문서인 도마복음의 중요성과 그 초기 저작에 직접 힘을 실어주게 되었고, 현대 여러 학자는 예수님 말씀들의 모음이 복음서의 초기 형태였다고 주장하게 되었다.

● 문서자료설은 결국 양식비평의 기초가 되어, 후대 교회의 필요에 의해 어떤 기록이 삽입되고 각색되었다는 이론으로 발전하는 수순을 밟는

다. 예를 들어 신학자들이 흔히 '예수 탄생설화'라고 하는 마태복음의 예수님 탄생에 대한 기록은 예수님의 탄생을 미화하려는 교리적 필요에 의해 후기에 기록되었다는 식이다. 이러한 견해는 자료들에 대한 역사적인 평가라기보다는 성경 안의 초자연적인 현상을 인정하지 않고 순전히 인본적인 시각으로만 사건을 해석하려는 비신앙으로부터 나오는 것이다.

● 문서자료설은 문서비평을 통해 순전히 합리주의적으로 성경의 기록과정을 추적해 보려는 시도이다. 여기에는 성령의 감동이라는 신앙적이고 초월적인 요소가 개입될 여지가 없다. 성령의 영감을 인정하는 복음주의자라면 조직신학의 영역에서뿐만 아니라 성서신학의 주제 안에서도 그 초자연적인 활동을 인정해야 할 것이다. 그러므로 그 과학적 데이터와 합리적 논리 후에는 마침표가 따라오지 않고 하나님의 간섭 가능성을 향한 열림이 있다. 필자의 이러한 주장의 학문적 적용은, 성경저자의 기억과 구전의 정확성에 더 많은 무게를 두는 것을 의미한다.

맺으면서

예수님의 생애에 관해 기록된 문서들은 실재했고, 그 문서들은 교회의 초기부터 회람되고 있었다. 이러한 사실은 누가복음의 서두에서 명확한 바, 누가는 예수님 행적의 실제증인들이 전해준 내용을 기록에 남긴 사람들이 많았고 그 기록들을 잘 살핀 후 그의 글을 쓰고 있다고 증언하고 있다(눅 1:1-3). 바울도 그가 받은 것을 전하였다고 하였고(고전 15:3), 디모데에게는 "책"과 "가죽 종이에 쓴 것"을 가져오라고 하였다(딤후 4:13). 그러나 그 성경의 기록과 복음서 기록의 과정이 현대 과학적 분석으로 완전히 규명될 것이라는 생각은 허상을 좇는 인간적 교만이다. 그 사고의 근저에는 전적으로 인본주의적 방법으로만 사안을 밝혀내려는 불신앙의 위험성이 내재 되어 있다.

사실 철저히 본문비평에 근거하여, 복음서의 자료를 분석할 때 마가의 공통 자료 이론은 상대적으로 설득력이 있어 보인다. 이는 성경의 권위에도 큰 영향을 미치지 않을 수 있다. 그러나 아직까지 논란이 많은 비정경적 가상자료인 Q에 대해서, 이미 입증된 자료인 것처럼 비판의식 없이 무조건 수용하는 것은 조심해야 한다. 이러한 입장은 결국 성경의 절대 권위를 견지하는 복음주의적 관점에 치명적인 타격을 주는 방향으로 충분히 발전해갈 수 있기 때문이다. 그럼에도 불구하고 대부분의 인문대학과 신학교 안에서, 심지어 복음주의 계열에 서 있다고 자인하는 교단의 신학교 안에서조차도 '문서자료설'이 복음서의 기원을 밝힌 검증된 이론이며 학문적으로 수용해야 하는 '대세'로 여겨지고 있음은 심히 우려할 일이 아닐 수 없다.

자료설은 여러 다른 가설들과 함께 균형 있게 그리고 적절한 비평과 함께 소개되어야 한다. 충분히 추정할 수 있는 사실은 복음서 기록의 과정은 문서비평적 분석을 통해 주장되고 있는 것보다 훨씬 복잡했을 것이다. 그 기자들이 복음서를 기록함에 있어서는 문서 기록에 사용되는 세 가지 일반적인 자료 즉, 구전, 문서, 본인의 기억이 다 사용되었을 것임을 인식해야 한다. 그 위에 사람의 지각을 열어주시는 성령의 감동이라는 신앙적인 요소까지 포함한 네 가지 요소가 균형 있게 고려되어야 한다. 그리고 그 자료들이 모이고, 정경으로 정착되면서 최종 확정되는 과정에도 성령의 역사가 있었으며, 따라서 교회의 최종적인 권위는 오직 정경에 있음도 다시 확인되어야 한다.

2장

몇 개의 서신을 바울이 썼다고 봐야 하는가?

– 바울서신 문서비평에 대한 반론

필자가 드류대학교에서 강의하던 시기의 일이다. 그 학교 앞에 제법 규모가 있고 역사도 있는 한 감리교회 예배에 참석하게 되었다. 예배가 진행되면서 그 교회 장로 한 분이 성경봉독을 위해 등단하였다. 그리고 그는 그날의 말씀이었던 데살로니가후서의 구절들을 읽기 전에 회중에게 이런 말을 하였다. "이 성경은 바울이 썼다고 인정되지는 않는 성경입니다만, 오늘의 말씀으로 읽습니다." 실제 일어났던 일이다. 필자가 그 순간에 받았던 충격과 당혹감은, 그 사건이 짧지 않은 필자의 미국 생활 중에서도 가장 뇌리에 깊이 박히게 된 사건 중 하나가 되게 하였다. 필자는 왜 그가 그런 말을 공 예배 성경봉독 시간에 했는지 이해가 되지 않는다. 아마도 조직신학 박사학위를 가지고 있던 그 교회 담임목사로부터 배운 나름의 '첨단의' 성경지식을 공개적으로 뽐내고 싶어서 그랬지 않았을까 추측해 볼 뿐이다.

그런데 "바울서신은 바울이 썼는가?"라는 전혀 말이 되지 않는 것 같은 이 질문은 현대 성서신학이 다루고 있는 중요한 주제 중 하나이다. 그리고 불행하게도 다수의 현대 신학자는 이 질문에 대해 매우 부정적인 답변들을 내어 놓고 있고, 이제는 많은 신학교육 기관에서 모든 바울서신이 다 바울에 의해 쓰였다고 가르쳐지지 않고 있는 것이 현실이다. 이러한 현상은 무시하거나 회피하여 해결될 수 있는 문제가 절대 아니다. 첨단의 문서 비평적 기법을 도구로 한 이런 주장들은 극히 회의적이고 인본주의적인 문화에 적응하여 살고 있는 현대인들에게는 쉽게 합리적인 대안으로 어필되기 때문이다.

3개, 7개, 13개?

바울서신의 저작성에 대해 학문적으로 심각한 도전을 한 대표적인 초기 인물은 '튀빙겐 학파'의 창시자인 F. C. 바우어(1792-1860)이다. 그는 문서비평 기법을 사용함과 동시에 바울서신들 간의 내용의 상이성 등을 이유로 대부분의 바울서신이 바울에 의해 쓰이지 않았다고 주장하였다. 그리고 바울의 권위가 있는 "주요 편지들"로 로마서, 고린도전서, 고린도후서 세 권만을 인정하였다.

바울서신의 진위성에 대한 현대 학자들의 일반적인 이해는, 바울이 저자라고 기록된 열세 개의 편지 중 일곱 개만이 바울의 권위를 가지고 있다는 것이다. 그 일곱 편지는 로마서, 고린도전서, 고린도후서, 갈라디아서, 빌립보서, 데살로니가전서, 빌레몬서이다. 나머지 여섯 개 중에서는 골로새서에 대해서만 상대적으로 긍정적인 평가를 하고 있고, 에베소서와 데 살로니가전서, 그리고 목회 서신들에 대해서는 위작 내지는 후대 교회의 창작품으로 폄하하고 있다.

왜 바울의 저작이 아니라고 하는가?

현대 성서 신학자들이 바울서신의 진위를 판단하는 몇 가지 중요한 비 평 기준은 아래와 같다.

● 내용과 사상

그 서신이 바울의 사상을 갖고 있는가 아니면 유사 바울사상이나 후기 바울사상 또는 심지어는 반바울사상을 담고 있는가 하는 문제이다. 이러 한 분석을 통해, 에베소서는 유사 바울적인 내용, 데살로니가후서는 반 바 울적인 내용, 목회 서신들은 후기 바울적인 내용, 즉 바울 시대 이후 교회 의 필요에 부응하기 위한 내용을 담고 있다고 비판된다.

● 문체와 용어

문학적 스타일과 용어 등에 대한 문제이다. 로마서, 고린도서, 갈라디 아서에서 주로 발견되는 바울의 전형적인 문체는 활기 있는 대화체인데, 특히 목회서신에서는 그런 문체가 결여되고 다른 바울서신에서는 생소하 고 후기 교회에서 더 많이 발견되는 용어들이 사용된다는 점이 지적된다.

● 사도행전과의 연계성

그 서신의 배경을 사도행전에서 찾을 수 있는가 하는 문제이다. 이 문제와 연관해서도 가장 취약한 서신들은 목회서신이다. 목회서신의 배경은 사도행전에서 발견되지 않고, 이는 목회서신의 진위논쟁에서 불리하게 작용한다.

왜 바울의 저작이라고 할 수 있는가?

지금까지 언급한 바울서신의 진위에 대한 비판적 평가와 주장은 완벽하지 않을뿐더러 많은 약점이 내재 되어 있다. 그리고 무엇보다도 그들의 주장에는 일관성이 결여되어 있다. 바울서신에 대한 현대 성서 신학자들의 비평적 평가를 넘어서서 바울서신 전체를 진정한 바울의 서신으로 인정하고 설명하는 것은 신앙적으로뿐만 아니라 순수 학문적 관점으로도 가능하다.

● 내용과 사상의 차이에 대해

사실 각 바울서신 간에 내용 면에서 차이가 있다는 것은 그렇게 특별한 일이 아니다. 오히려 당연한 일이다. 바울이 쓴 편지들은 시리즈물 식의 학술 논문들이 아니다. 각 편지는 각 교회의 특수한 상황을 배경으로 하여 그 공동체의 필요를 충족하기 위해 쓰였다. 따라서 내용의 차이는 자연스럽다.

로마서는 당시 세계의 중심이었던 로마라는 도시에 거주하던 유력한 그리스도인들의 공동체에 '디아트리베'라는 고도의 수사학 기법을 사용해 보내진 편지였다. 바울은 한 번도 그 교회에 가 본 적이 없었다. 그러나 고린도 교회는 바울이 세웠고, 바울과 여러 번의 서신 교환을 한 교회다. 그 교회는 질서 파괴와 분열을 겪고 있었으며 후에는 거짓 지도자들의 유혹을 받고 있었다. 이렇게 두 교회의 환경이 서로 다르고, 두 교회와 바울사도와의 관계가 다르기 때문에, 로마서와 고린도 전ㆍ후서의 내용이 다른 것은 당연하다. 마찬가지로 갈라디아서, 에베소서, 빌립보서, 골로새서, 데살로니가전후서, 빌레몬서, 그리고 목회서신 모두가 각각의 특색이 있다. 어느 일부 사상만 바울적이라고 하고 다른 사상은 바울적이 아니라고 하는 것은 바울의 서신이 쓰인 정황을 도외시한 평가이다. 각 바울서신의 내용이 다른 것은 주로 그 교회 공동체의 상황이 다름에 기인한다.

조금 더 구체적으로, 현대 신학자들은 가장 중요한 바울의 사상이 율법의 무용성과 믿음에 대한 강조라고 한다. 그리고 이 주제가 결여되어 있으면 바울의 편지라고 인정하기 힘들다고 주장한다. 그렇다면 그들이 일반적으로 바울서신 중에서 바울서신이라고 하는 빌레몬서, 고린도전서, 데살로니가전서 같은 경우는 어떠한가? 그 서신들의 주요 주제가 여전히 믿음인가? 그렇게 보기는 힘들다. 아니 그 서신들에는 믿음에 대한 언급 자체가 별로 없다고 보는 것이 좀 더 객관적인 평가이다. 그런데도 현대 신학자들은 거의 예외 없이 이런 서신들이 바울에 의해 직접 쓰였음에 큰 의문을 달지 않고 있음을 볼 때 그들의 주장에는 이런 면에서 일관성이 있어 보이지 않는다.

에베소서는 골로새서와의 유사성 때문에 위(僞) 골로새서로 비평되곤 한다. 골로새서를 일부 참고하고 베껴서 바울 아닌 누군가가 에베소서를 썼다는 이론이다. 그러나 단순히 유사한 내용과 문장이 발견된다고 하여 그것이 다른 사람이 베껴 쓴 것을 증명해 주지는 않는다. 우리 주위의 설교자들에게서도 흔히 발견되듯, 한 저자가 유사한 내용의 글을 얼마든지 쓸 수 있다. 에베소서와 골로새서는 한 저자의 글로서의 연속성을 갖고 있으면서도 두 교회의 다른 상황을 고려한 서로 독특한 내용의 편지로 얼마든지 긍정적으로 이해될 수 있다.

비평가들은 데살로니가후서는 데살로니가전서 안에 담긴 '임박한 재림'의 가르침으로 인해 데살로니가 교회가 혼란스러워졌고 이를 후대의 교회가 부정하기 위해 바울의 이름을 빌려 쓴 편지라고 평가한다. 그런 관점에 의하면 데살로니가후서는 반 바울서신이다. 그러나 데살로니가후서는 전서의 가르침을 부정하는 것이 아니라 데살로니가 성도들이 잘 못 이해한 것을 바로잡는 것이라고 이해할 때 문제가 없다. 사실 데살로니가전서에는 예수님의 재림이 임박했다는 구체적인 가르침이 없다. 그것은 그 교인들의 오해였을 뿐이다. 이와 관련하여, 데살로니가전서에서 바울은 '때와 시기에 관하여는 너희에게 쓸 것이 없다'(5:1)고 명백히 말한 바 있다.

목회서신이 교회의 직분과 제도에 대해 주로 다루고 있다는 사실도 목회서신의 후기 저작을 증명해 주는 결정적 증거는 되지 못한다. 사도행전에 의하면 이미 교회의 초기에 집사와 장로의 직분이 제정되었다. 감독의 직분도 목회서신에서만 소개되는 것이 아니라 빌립보서에서도 발견된다 (1:1). 또한 목회서신 뿐만 아니라 고린도전서도 교회의 질서와 교회의 실제 필요에 대한 가르침으로 일관되어 있음을 보게 된다. 따라서 목회서신이 교회의 직제를 주로 다루고 있는 이유는 그 편지가 목회자인 디모데를 위해 쓰였다는 독특한 상황에서 찾는 것이 더 자연스러울 것이다.

● 문체와 용어의 차이에 대해

내용이 달라지면 용어도 당연히 달라진다. 따라서 바울서신의 내용이 각 편지의 상황에 따라 달라지고 있는 것을 고려할 때, 바울서신 간의 용어의 사용 빈도수에 의존하여 바울서신의 진위를 판단하려는 시도는 그렇게 설득력이 있다고 할 수 없다.

바울서신 간의 문체의 차이에 대해서도 여러 해석의 대안이 있지만, 이 문제에 대한 가장 기본적인 해결은 복수 저자와 대필자라는 바울서신의 특성을 이해함에서 시작한다. 바울서신의 서두 부분은 편지 쓰는 사람, 받는 사람, 장소 등 그 서신의 기본적인 정보를 나타내는 중요한 역할을 하고 있는데, 이 서두 부분들을 보면 바울의 편지를 누가 썼느냐의 문제는 그렇게 간단한 문제가 아니다. 고린도전서와 후서, 빌립보서, 골로새서, 데살로니가전서와 후서는 그 서두에서 단순히 바울 한 사람의 저작을 말하고 있지 않다. 고린도전서는 바울과 소스데네가(고전 1:1), 고린도후서와 빌립보서와 골로새서는 바울과 디모데가(고후 1:1; 빌 1:1; 골 1:1), 데살로니가전서와 후서는 바울과 실루아노와 디모데가 썼다(살전 1:1; 살후 1:1). 이러한 경우들에 있어서는 실제로 누가 펜을 들어 그 편지를 썼는지가 확실치 않다. 그리고 당연히 그 실제로 쓴 사람에 따라 문체는 차이가 나게 된다.

또한, 로마서는 바울이 직접 쓴 것이 아니고 더디오가 대서했다고 명시하고 있고(16:22), 고린도전서나(16:21) 갈라디아서(6:11), 골로새서(4:18), 데살로니가후서(3:17)는 그 대필자가 명시되어 있지 않지만 대필 된 사실은 확인할 수 있다. 이러한 사실은 대필이 명시되고 있지 않은 다른 서신도 실제로는 대필자가 기록했을 가능성도 부인할 수 없게 한다. 어쩌면 바울서신 전부가 바울 자신이 아닌 대필자들에 의해 기록되었을 수도 있다. 헬라 시대에 있어서 이렇게 대필자를 고용한 많은 경우, 그들은 그들의 충분한 재량을 갖고 문장을 작성하였다. 이러한 점들을 충분히 고려할 때, 바울의 이름으로 보내진 각 바울서신의 문체가 같지 않은 것은 이상한 일이 아니다.

● 사도행전과의 연계성

확실히 목회서신의 내용은 사도행전에서 그 배경을 찾을 수 없다. 그러나 목회서신의 내용은 사도행전 시대에 속하지 않기 때문에 이런 현상은 당연하다. 목회서신 중 하나인 디모데후서는 "로마에 있을 때에 나를 부지런히 찾아 만났느니라"(1:17) 라고 하여, 그 편지가 바울이 로마에 갇힌 이후에 쓰였음을 스스로 증거하고 있다. 사실 사도행전 이후의 바울의 행적에 대해서는 다루고 있는 기록이 아주 없는 것을 고려할 때, 목회서신의 기록을 부정할 아무 결정적 이유가 없다.

바울의 권위인가, 바울의 저작인가?

마지막으로, 바울서신의 진위에 대해 한 가지 부연해서 정리해야 할 문제가 있다. 그것은 복수 저자와 대필자라는 상황에서의 문체 등의 다양성을 인정할 때, 바울의 제자 같은 인물이 바울의 이름으로 쓴 경우도 바울의 저작으로 인정할 수 있다는 점이다. 물론 그 저작은 바울의 허락하에 이루어졌을 경우에 한한다. 필자는 필자의 엄친께서 부탁하셔서 설교집을 한 권 써드린 적이 있다. 나는 당시 나의 아버지의 생각과 마음을 품고 그분의 설교집으로 부끄러움이 없는 설교집을 써드렸다고 말할 수 있다. 집필 후 아버지께서는 그 책을 읽고 흡족해하셨고 몇 군데 제안도 하셔서 함께 수정과정도 거쳤으며, 마지막에 당신 자신의 설교도 몇 편 첨부하셨다. 물론 그 첨부된 설교들도 필자가 다듬는 과정을 거쳤다. 그 설교집은 실제로는 주로 내가 썼다. 그러나 아버지의 이름으로 발간된 그 설교집과 설교들은 동시에 정확히 나의 아버지의 것이었다.

결론적으로, 바울 저작의 진위에 대한 문제는 단순히 바울의 저작 문제가 아닌 좀 더 정확히 말하면 바울의 권위를 가진 저작인 가의 문제가 된다. 이러한 이해 하에, 필자에게 있어서 모든 바울서신은 바울의 권위를 가지고 있다. 그리고 이 말은 앞에 다룬 논지들을 토대로 하여, 현대 성서신학자들에게는 우스꽝스럽기까지 할 수 있는 그러나 일반 그리스도인들에게는 너무나 당연하여 이상스럽기까지 한 이런 말과 같다: "모든 바울서신은 바울이 썼다."

3장

영지주의 문서는 역사적으로 신뢰할만한가?

– 소설 「다빈치코드」를 통해 본 영지주의 문서의 허구와 비평

댄 브라운의 소설 「다빈치코드」에서 주인공 티빙은 "한 손으로 교회를 박살 낼 수 있는 여자"라고 하며 그림을 가리킨다. 이에 여주인공 소피는 묻는다. "이 여자가 누구지요?" 티빙은 대답한다. "마리아 막달레나." 소피가 돌아서며 말한다. "그 창녀?" 이 장면과 함께 시작되는 티빙의 막달라 마리아에 대한 설명 그리고 그녀와 예수님의 관계는 가히 충격적이다: "막달라 마리아는 예수의 배우자였다. 그녀는 예수에게서 사라라는 딸을 낳았다. 이러한 사실은 영지주의 문서 곳곳에 명백히 기록되어 있다. 그러나 교회는 그런 사실을 감추고 부정하기 위해 영지주의 문서들을 말살시켜 버렸으며 마리아에게는 창녀라는 누명을 씌워 비하했다."

댄 브라운은 예수님과 막달라 마리아는 인간적 사랑의 관계에 있었으며 이 사실을 인지하고 있던 교회는 막달라 마리아를 창녀라고 비하하고 그 특별한 여인에 대한 존경과 숭상을 억압했다고 주장한다. 막달라 마리

아에 대한 이런 부당한 취급은 역설적으로 마리아가 예수님과 이성으로서의 관계에 있었다는 사실에 대한 반증이라고 「다빈치코드」는 역설한다.

전통 기독교인이라면 이질감을 넘어 경악할 만한 이런 내용이 소설 「다빈치코드」에 넘쳐나고 있다. 그러나 단순히 그 작품을 비신앙적 허구로만 무시한다고 능사가 아닌 것은 그 소설은 사실과 허구를 교묘하게 엮어놓은 소위 '팩션' 형식으로 쓰였는데, 댄 브라운은 그 책의 서문에서 "이 소설에 나오는… 자료, 비밀 종교의식들에 대한 모든 묘사는 정확한 것이다"라고까지 천명한다. 이에 많은 독자들이 그 소설 안에서 주장하는 많은 반성경적 내용들을 팩트로 받아들이게 된다는 사실이다. 이 미스터리 추리소설은 전 세계에서 8천만 부가 넘게 팔려나가고 영화로도 제작되어 크게 흥행에 성공했고, 국내에서도 21주 연속 베스트셀러 1위를 차지하기도 했다. 따라서 당시의 그 파급력이란 일반 사회 영역에서 뿐이 아니라 교회 신앙영역에 까지도 무시할 수 없는 정도였다. 더욱이 「다빈치코드」에서 다루고 있는 영지주의 문서들에 대한 학자들뿐 아닌 일반인들의 평가와 관심은 그때뿐 아니라 현재까지도 상당하여 그에 대한 바른 이해는 절실하게 요구된다.

그러나 「다빈치코드」에 매료된 독자들에게는 매우 실망스럽고 인정하기 싫은 일일지 모르나, 성서와 초기 교회를 둘러싼 제 현상들을 전공하여 연구해 오고 있는 필자의 객관적 판단으로는 이런 댄 브라운의 주장은 본질적으로 오류와 혼동에 기초하고 있고 사실과는 전혀 거리가 먼 내용이 너무 많다. 막달라 마리아에 관해 말하자면 팩트는 다음과 같다: 막달라 마리아는 성경에서 창녀라고 매도된 적이 없고 성경의 기록을 귀하게 생각하는 전통 교회에서 비하되지도 않았으며, 마리아가 예수님의 배우자였다는 표현은 영지주의 문서들에서조차 발견되지 않는다.

막달라 마리아는 비하되었는가?

필자는 「다빈치코드」의 허상과 실상에 대한 세미나와 강의를 미국과 한국에서 여러 차례 한바 있다. 그러면서 이렇게 청중에게 질문을 던지곤 했다: "당신은 교회에서 막달라 마리아를 창녀라고 손가락질하고 비하하는 가르침을 들은 적이 있습니까?" "「다빈치코드」를 읽기 전에 당신은 막달라 마리아를 어떻게 생각했었습니까?" 이 질문을 받은 청중들의 대다수는 잠시 멈칫거리다가 그때에서야 비로소 마술에서 깨어나는 듯한 반응을 보이는 것이었다. 그들은 그렇게 교회에서 들어본 적도, 스스로 그렇게 생각해 본 적도 없었다. 다만 그들은 잠시 댄 브라운이라는 탁월한 작가의 속임수에 현혹되어 잠시 혼란을 겪고 있었을 뿐이다.

막달라 마리아는 댄 브라운이 주장하는 것과 같이 교회에서 손가락질받고 비하되는 존재, 금기시되고 꺼려지는 존재가 아니었다. 오히려 칭송받는 존재였고 부러움의 대상이었다. 특히 예수님 부활의 첫 증인이 된 막달라 마리아의 아름다운 행위는 부활절을 기점으로 하여 얼마나 많은 교회에서 반복하여 이야기되고 칭송되고 있는가!

'창녀' 막달라 마리아?

더구나 막달라 마리아와 '창녀'와는 상관이 없다. 막달라 마리아가 어떻게 예수님을 따르게 되었는지에 대해서 성경은 이렇게 소개한다: "또한 악귀를 쫓아내심과 병 고침을 받은 어떤 여자들 곧 일곱 귀신이 나간 자 막달라인이라 하는 마리아와... 다른 여러 여자가 함께 하여 자기들의 소유로 저희를 섬기더라"(눅 8:2~3 & 막 16:9). 이 막달라 마리아는 '창녀'가 아니라 '귀신 쫓겨난 여자'였다. 그녀는 예수께서 십자가에 못 박히실 때 예수님의 어머니 마리아, 이모, 글로바의 아내 마리아, 예수님의 사랑하시는 제자 등과 함께 십자가 곁에 있었고(요 19:25~26), 부활의 새벽에 예수님을 만난 첫 여인이 되었다(막 16:9; 눅 24:10; 요 20:11~18).

그렇다면 왜 댄 브라운은 막달라 마리아가 '창녀'였다고 주장하며, 그 글을 읽는 독자들도 그런 기록이 성경에 있는 것으로 착각하게 될까? 그 이유는 예수님을 따르던 여러 여인의 이름과 그 행적 간에는 독자들에게 착각을 일으키게 할 만한 유사한 요소들이 있기 때문이다. 예수님의 추종자 중에는 마리아라는 이름을 가진 여인이 여럿 있었다. 그중 중요한 세 명은 예수님의 어머니 마리아, 마르다의 자매인 마리아, 막달라 마리아이다. 이 세 명은 다 별개의 인물들이고 결코 서로 혼동되어서는 안 된다. 그리고 이 세 여인 중에 '창녀/더러운 여인'은 포함되어 있지 않다. 그 '더러운 여인'은 바리새인 시몬의 집에서 눈물과 향유로 예수님의 발을 씻던 또 다른 여인이다(눅 7:36-50).

문제는 이 여러 여인에 대한 기록을 자세히 살펴 정리하고 있지 못한 독자들의 관점에서는 마르다의 자매인 마리아, 막달라 마리아, 그리고 '더러운 여인'을 혼동하기 쉽다는 사실이다. 독자들은 마르다의 자매 마리아도 예수께 향유를 부었고(요 12:1-8) '더러운 여인'도 예수께 향유를 부었기 때문에 두 사건을 한 사건으로 혼동하고 두 여인을 한 여인으로 인식하게 되는 것이다. 이런 경우 누가복음에는 명시되어 있지 않은 그 '더러운 여인'의 이름이 마리아가 되고, 이 '더러운 여인'은 단지 이름이 같다는 이유만으로 복음서에 나오는 다른 마리아 즉, 막달라 마리아와 동일한 여인이 되어버리는 것이다. 그러나 이 세 여인은 전혀 별개의 인물이고, 막달라 마리아는 누가복음에 7장에 기록된 '더러운 여인'이 아니다.

사실 일부 비평가들은 이런 차이점들을 잘 알고 있으면서도 그 사건들을 개별적으로 이해하려 하지 않는다. 그들은 어떤 인물과 사건에 대한 유사한 기록들 배후에는 결국 하나의 실체만이 있거나 또는 그 전승들이 서로 섞일 가능성이 있다고 주장한다. 이런 비평가들에게 있어서는 유사하게 들리는 여러 사건과 인물들은 결국 한 사건에 대한 복음서 기자들의 다른 형태의 기술들일 뿐이다. 즉, 예수, 마리아, 시몬, 바울 등에 대한 여러 전설과 전승 뒤에는 결국 하나의 사실이 존재하거나, 동일한 이름을 가진 별개의 인물들에 대한 이야기들이 서로 섞였다고 가정한다. 따라서 마리아에 관해서도, 하나의 마리아가 여러 마리아의 이야기로 떠돌아다녔고, 그 각각의 이야기들을 복음서 기자들이 수집하게 되지만, 원래 그 실재적 배경에는 한 마리아만이 있다는 식으로 주장하기도 한다.

그런데 누가복음 자체만 보아도, 그 복음서 자체가 이 세 여인 모두를 따로따로 다루고 있어서 마리아에 대한 이런 혼란을 용납하지 않는다. 누가는 첫 번째로 바리새인 시몬의 집에서 예수께 향유 부은 여인인 "죄인인 한 여자"를 소개한다(눅 7:36–50). 바로 이어서 자신들의 소유로 예수님을 섬겼던 여러 여인 중의 한 명으로 일곱 귀신으로부터 해방된 여인 막달라 마리아를 소개한다(눅 8:1–3). 그녀는 후에 부활의 첫 증인이 된다(눅 24:10). 또한 누가는 주의 발아래 앉아 말씀을 들어 칭찬받게 되는 여인 마르다의 자매 또 다른 마리아를 소개한다(눅 10:38–42). 이 사람이 나사로가 살려지게 된 후 예수께 향유 부은 여인이고, 이 사건은 요한이 기록하고 있다(요 12:1–8). 따라서 복음서 기자들 스스로가 이 여인들이 서로 다른 인물들임을 잘 알고 있었음은 분명하다. 그들은 예수님의 특별한 사랑을 받던 막달라 마리아가 '창녀'였다고 증언하지 않고 비하하지도 않는다. 이는 다만 댄 브라운의 착각이거나 의도적인 현혹일 뿐이다.

'빌립복음'서 안에 있는 노골적인 표현?

영지주의 문서 안에 예수님과 막달라 마리아의 부적절한 관계에 대한 구체적인 묘사가 있다는 「다빈치코드」의 주장도 사실이 아니다. 댄 브라운은 '빌립복음'에 기록되어 있다는 충격적인 본문을 다음과 같이 소개한다: "그리스도의 짝은 마리아 막달레나였다. 그리스도는 모든 제자보다 그녀를 더 사랑했다. 그리고 그녀의 입에 자주 키스 하곤 했다. 나머지 제자들은 그런 일에 반대했고, 인정할 수 없다고 표현했다. 제자들은 그리스도에게 말했다. '왜 주님은 우리 모두보다 그녀를 더 사랑하시는 겁니까?'"

그러나 댄 브라운이 제시하는 본문은 원문 그대로가 아니다. 이 본문의 콥틱어 원문은 이곳저곳이 훼손되어 있어서, 실제로 글씨가 보존되어 읽을 수 있는 원문은 다음과 같다: "(　　)의 동료/동반자는 막달라 마리아였다. (　　)는 (　) 제자들보다 그녀를 더 (　　　　). 그리고 그녀의 (　)에 키스 하곤 했다. 나머지 (　　)은 (　　　　). 그들은 그리스도에게 말했다. '왜 주님은 우리 모두보다 그녀를 더 사랑하시는 겁니까?' 주께서는 그들에게 대답하셨다. '왜 내가 너희를 그녀처럼 사랑하지 않는단 말이냐?'"

학자들은 이런 고문서의 원문을 번역할 때, 위와 같이 훼손되어 읽을 수 없는 부분을 아예 비워놓고 괄호 처리를 하거나, 일반 독자들의 읽기를 돕기 위해 훼손된 부분에 나름대로 단어를 채워 소개하되 그런 경우에는 그 첨부한 내용들에 대해서는 괄호처리 등 확실한 표시를 하여 원문에는 없는 내용임을 정확히 밝힌다. 그러나 댄 브라운은 전혀 그런 솔직성과 학문적 신중성을 결여한 채, 예수님에 대한 스캔들을 확실한 것으로 하기 위해 괄호 처리 없이 가장 선정적인 의미가 되도록 나름대로 단어들을 채워 완성된 문장으로 소개하고 있다. 사실 신중한 학자들에 있어서는 '빌립복음' 서 원문이 전달하는 내용은 예수께서 막달라 마리아를 특별히 사랑하셨다는 것 그 이상도 그 이하도 아니다. 그리고 문맥상 추정컨대, 그 입맞춤의 부위는 실제로는 뺨일 개연성이 가장 크다. 그런 입맞춤, 소위 '거룩한 입맞춤'(holy kiss)은 유대인들과 그리스도인들에게 보편적인 문안 행위였고 장려되는 일이기도 했었다(눅 22:48; 롬 16:16; 고전 16:20; 고후 13:11; 살전 5:26; 벧전 5:14).

「나그함마디」에 편만한 예수의 스캔들?

백번 양보하여 그런 구절이 '빌립복음'의 원문에 실재했었다고 하더라도, 영지주의 문서 안에 있는 한두 개의 문제성 있는 구절이 역사적 진실이 있다고 주장하는 것은 억지이다. 이런 자신의 약점을 알고 있는 댄 브라운은 그의 소설 속에서 또 하나의 속임수를 쓰고 있다. 그것은 영지주의 문서인 「나그함마디」에 예수님과 막달라 마리아의 관계에 대한 언급이 일일이 보여줄 수 없을 정도로 많고, 그 사실들은 현대 역사가들에 의해 "구역질이 날 만큼 탐구"되었다고 주장한다(「다빈치코드」 한글 번역판 II. pp. 15-17). 그러면서 "빌립복음"과 "마리아복음"을 그 예의 일부로 제시한다. 그리고 다른 많은 곳에서도 막달라 마리아와 예수님이 연인 사이였음을 분명히 증명한다고 주장한다(II. p. 16). 그러나 댄 브라운은 그 구체적 구절들은 전혀 제시하지 않는다. 사실 그런 구절은 더 이상 없다.

1945년에 이집트 '나그함마디'에서 발견된 주로 영지주의 사상을 포함한 52개의 글 전체를 필자가 직접 조사하여 확인해 봤을 때, 예수께서 막달라 마리아를 총애했다는 기록은 '빌립복음', '마리아복음', '도마복음' 세 군데 정도이다. 그리고 그 세 기록 중에서도 예수님과 막달라 마리아 간의 이성적 관계를 암시한다고 볼 수 있는 구절은 앞에서 언급한 "빌립복음" 단 한 곳에서만 발견된다. 댄 브라운은 「나그함마디」라는 생소한 문서에 대해 독자들이 전혀 검증할 능력도 의지도 없을 것이라는 약점을 노리고 사실이 아닌 내용을 검증된 사실인 양 거침없이 쏟아냈다고 밖에 필자는 평가할 수 없다. 그러나 실상은 예수님과 막달라 마리아의 스캔들이 될 만한 관계에 대한 기록은 영지주의 안에서까지도 거의 전무하다. 따라서 댄 브라운의 주장과는 달리 당시 영지주의 안에서까지도 예수님과 막달라 마리아 사이의 세속적인 관계에 대한 주장은 전혀 고려의 대상이 아니었다. 「다빈치코드」식 주장은 소설에서는 가능하나 역사적 사실과는 거리가 멀다.

"진리가 너를 자유롭게 하리라"?!

「다빈치코드」를 한글판으로 옮긴 역자는 "옮긴이의 말"에서 이런 글을 남긴다.

> 책을 번역하고 나서 내 마음에 머문 생각은 성경 한 구절이었다.
> '진리가 너희를 자유롭게 하리라.'
> 나는 다 빈치와 함께 지난 2천 년 동안 이어져 온 비밀의 공모자가 된 기분이다...

과연 그 번역자는 인용한 예수님의 그 말씀 "진리가 너희를 자유롭게 하리라"(요 8:32)에서 무엇을 발견했다는 것일까? 이 구절은 그가 상상하고 기대하는 것처럼 예수께서 던지신 영지주의나 동양 신비종교 식 화두가 아니다. 예수께서는 이 말씀을 우리 멋대로 해석할 수 있도록 허락하지 않으셨고, 바로 이어서 그 진리에 대해 스스로 밝히 나타내셨다. "아들이 너희를 자유케 하면 너희가 참으로 자유하리라"(36절). 그 아들은 물론 예수님 자신이시다. 그리고 그분은 댄 브라운이 주장하는 식의 결국 인간일 수

밖에 없었던 분이 아니다. 그는 "위에서 나신 분"(23절), "처음부터 말하여 온 자"(25절), "하나님께서 영광을 돌리시는 분"(54절), "아브라함 이전부터 계시던 분"(58절), 바로 하나님이시다!

4장
성경 밖의 "역사기록"을 우선할 것인가?
– 비정경 기록과 비기독교 역사기록물에 대한 복음주의 관점의 평가

어떤 역사적 사실을 이해하고 정리 하는데 있어서 비기독교 역사 기록을 우선할 것인가, 성경의 기록을 우선할 것인가? 이런 질문은 적지 않은 현대 역사학자들에게는 일고의 가치도 없는 우문으로 치부될지도 모른다. 그들에게 성경은 종교문서에 불과하며, 따라서 기독교 밖의 문서들, 특히 당시 역사가들에 의해 쓰인 문서들은 역사적 사건 판단에 있어서 절대 우위에 있다. 그러나 성경은 단순히 종교문서로서 역사적 사실과는 거리가 멀고, 소위 역사 문서들은 역사 기록에 있어서 정확하다는 생각은 성경과 "역사 문서" 양쪽 모두에 대한 오해이며 편견이다.

성경은 탈 역사적, 비역사적인가?
성경이 역사에 대해 관심이 없다는 주장은 사실이 아니다. 오히려 역사적 사실 기술이 주목적이라고 스스로 증언하는 경우도 있다. 대표적인 예로, '누가'는 이루어진 사실에 대해(눅 1:1 "우리 중에 이루어진 사실에 대

하여") 기록한 여러 자료를(눅 1:2 "처음부터 목격자와 말씀의 일꾼된 자들이 전하여 준 그대로 내력을 저술하려고 붓을 든 사람이 많은지라") 스스로 세밀히 조사한 후(눅 1:3 "그 모든 일을 근원부터 자세히 미루어 살핀 나도") 순서를 가지고(눅 1:3 "차례대로") 기록하고 있다고 진술한다. 바울의 편지도 여러 교회 상황의 구체적 배경을 가지고 쓰였기 때문에, 각 편지들의 역사적 배경은 그 서신 연구에 있어서 항상 중요하다.

사실 성경 안의 대부분의 사건은 유대-기독교 문서, 즉 신구약과 그 외경 및 위경에서만 한정되어 발견되고 그 밖의 문서들에서는 거의 발견되지 않는다. 그러나 이러한 현상이 그 기록된 사건들이 역사적 사건으로서의 신빙성이 부족하다는 것을 나타내주지는 않는다. 현대와 같은 정보공유가 있기 전 시대에 있어서, 사회의 폐쇄성은 극히 당연했다. 따라서 한 지역에서 일어난 사건은 다른 문화권에 거의 알려지지 않았다. 예를 들어 공자나 석가같이 그 지역에서는 명성을 떨쳤던 인물도 그 문화권을 떠난 지역, 즉 서양 같은 곳에서는 당 시대에 그 이름조차 알려지지 않았다. 그렇다고 해서 그들의 역사적 존재가 부정되지 않는 것은 상식이다.

오히려, 성경 기록의 많은 부분은 오직 성경 안에서만 발견되고, 그것과 배치되는 기록이 유대기독교 문화 밖에서는 거의 발견되고 있지 않기 때문에, 성경 안의 사건기록에 대해서는 그 기록을 인정하는 것이 실제적인 유일한 대안이 된다. 어느 역사학자들도 성경 안의 사건에 대해 어느 정도까지 인정하지 않고서는 역사를 논할 수 없다. 예를 들어, 이스라엘의

출애굽 사건, 가나안 땅의 정착, 다윗과 솔로몬이라는 위대한 왕의 출현, 성전의 건축, 왕국의 분열, 포로 됨과 귀환, 제 2성전 건축 등이 역사적으로 이루어졌음은 어느 역사학자도 쉽게 부인할 수 없는 사실이며, 이 모든 일들은 구약의 기록 없이는 알 수 없다. 신약의 경우에도 마찬가지이다. 예수님의 사역, 제자들의 전도, 그리고 초대교회의 인물과 사건들에 대해서 신약성경을 비롯한 기독교 문서 이외에서는 그를 입증할 자료나 반박할 자료가 거의 없다. 따라서 그 기록을 우선 인정하는 것이 실제적인 선택이 된다.

성경과 성경 밖의 기록에 관계성이 있을 때는 어떻게 접근할 것인가?

성경과 성경 밖의 문서 간에 간혹 관계성 있는 사건이 발견되는 경우가 있는데 이런 경우에는 어떻게 접근해야 할까? 즉, 성경이 주변 국가와 인물들에 대해서 언급하고 있는 경우, 또 타 문서가 성경의 동일 사안에 대해 언급하고 있는 경우가 있는데 이런 경우에는 어떤 자세로 접근해야 할까?

먼저, 성경 밖에 있는 소위 "역사 기록"이라고 하더라도 그 기록이 무오하지 않다는 점은 지적되어야 한다. 그 기록들 안에서 발견되는 비의도적인 오류뿐 아니라 의도적 왜곡은 무시할 수 없는 수준이다. 현대 역사 비평학자들은 과거의 역사가들에 의한 "역사 기록들"이 얼마나 왜곡되고 편협할 수 있는지, 특히 실제 일어난 현상이 승자에 의해 정치적으로 얼마나 변질될 수 있는지를 심층적으로 밝혀냈다. 따라서 단순히 역사적인 사실을 평가하는 순수학문의 입장에서도 성경과 타 문서의 기록은 어느 한쪽에 역사성의 우위를 둘 수 없다. 다만 신중하게 두 자료를 비교하고 분석, 평가할 뿐이다.

성경 밖의 타 문서의 기록에 오류와 왜곡이 있을 수 있고, 언어란 표면적 의미뿐 아닌 상징성을 지니고 있으며 그 기록의 배경을 분명히 이해하지 않고서는 정확한 읽기가 불가능하다는 사실을 이해할 때, 우리는 성경 밖의 기록으로 인해 일희일비할 필요가 없다. 즉, 성경 밖의 기록이 성경의 기록을 뒷받침해 주는 것으로 보여서 과도하게 환호하고, 성경 밖의 기록이 성경의 기록과 상치된다고 해서 당황할 필요가 없다. 그 기록들이 성경을 진리로 입증하거나, 또는 비 진리로 전락시킬 수 있는 것이 아니기 때문이다.

성경 밖의 문서의 기능

기독교 문서 밖에서 발견되는 신약성경의 사건과 관련이 있는 기록은 역사학자들의 호기심을 자극할 만한다. 그런 기록들이 흔치는 않지만, 복음이 전파되지 않은 지역까지도 예수님의 존재와 그 사역이 알려졌다는 것을 발견하는 것은 고무적인 일이며, 그들의 예수님에 대한 이해가 어떠했는가를 살펴보는 것도 충분히 흥미로운 일이 된다. 예를 들어, 시리아 철학자 마라 바르 사르피온(1세기 후반)은 "유대인들이 그들의 지혜로운 왕을 죽인 것이 무슨 유익이 있는가?"라고 하며, "지혜로운 왕은 그가 베푼 새 법 탓에 여전히 죽지 않고 살아있다"고 평가한다. 로마 상원의원이었던 플리니는 기독교인들이 매일 미명에 그리스도를 하나님으로 고백하는 모임을 했고, 그들은 죄를 범하지 않기로 맹약한 자들이라고 증언한다. 로마 역사가 타키투스는 그리스도께서 디베료 황제 통치 시절에 본디오 빌라도에 의해 극형에 처했다고 증언한다.

또한 성경 밖의 기독교 문서 중 초기 교부들의 기록은 성경에 기록된 사건들의 배경에 대해 폭 넓은 이해를 가능케 해 준다. 예를 들어, 2세기 후반의 기독교인인 헤게시푸스는 예수님의 형제 야고보가 어려서부터 나실인이었으며, 그가 백성의 죄를 위해 너무 무릎 꿇고 기도해서 그의 무릎이 낙타 무릎 가죽처럼 되었다는 기록을 남겼다. 동시대의 교회 감독 이레니우스는 사도행전 8장에 나오는 마술사 시몬에 대해서 매우 상세히 설명한다. 그의 이름은 시몬 마구스였으며, 그는 스스로를 말씀이라, 신이라 칭하며, 헬레나라는 여인을 영적 반려자로 동반하는 등 기독교 이단의 원조가 되었다는 것이다.

이런 성경 밖의 기록들은 성경의 배경을 더 잘 이해할 수 있는 보조수단이 될 수 있다. 그러나 이 모든 기록의 사실성에 대해서는 누구도 장담할 수 없다. 여러 설교자가 즐겨 인용하듯이 예수님의 형제 야고보가 무릎을 꿇고 너무 많이 기도해서 약대 무릎을 가졌다고 단정할 수 없고, 마술사 시몬에 얽힌 이야기도 모두 사실이라고 인정하는 것은 성급한 일이다. 성경 밖의 자료들을 근거로 성경의 사건들을 해석하고 재구성하는 것은 매우 조심스러운 일이며 단정적이어서는 안 된다.

더구나, 성경 밖의 문서들에서 성경과 배치되는 기록이 발견되는 경우도 있다. 예를 들어, 한 랍비문서는 예수께서 유월절의 안식일에 처형되었다고 증언하면서도, 그의 처형 방법은 교수형이었다고 기록하고 있고, 여러 명의 사도의 존재에 대해서는 인정하면서 그 숫자는 다섯이라고 하고 이름도 다르게 기록한다(bSanh 43a). 이런 기록들에 대한 평가와 성경 이해를 위한 참고 자료의 역할은 당연히 신중해야 할 것이다.

따라서 성경과 부합하고 성경에 기록되지 않은 부분을 보충해주는 것 같은 성경 외의 자료들이라고 하더라도 결코 성경과 같은 수준의 중요한 가치를 지닌 증거물로 다루어져서는 안 된다. "역사 자료"들의 불완전성과 언어의 상징성 등에 대한 충분한 이해가 없이 그러한 자료들을 달게 삼키는 것은 결국 독으로 변할 수도 있다. 역사 안의 많은 거짓과 오류와 왜곡은 생각 이상으로 깊고 편만해서, 그런 자료들을 섣불리 인용하며 득의만면하다가는 스스로 망신을 자초할 수도 있다.

성경과 조화를 이루는 듯 보이는 자료의 불완전성

유대인 역사가 요세푸스가 쓴 「유대인 고대사」에는 예수님에 대한 기록이 두 군데 발견된다. 그 하나는 비교적 간단한 구절로 다음과 같다:

> 베스도는 죽었고, 알비누스는 부임 중에 있었다. 그래서 아나누스는 산헤드린 공의회를 소집했다. 그리고 그 재판관들 앞으로 그리스도라고 일컬어지던 예수의 형제 야고보와 다른 몇 사람들을 불러내어 그들을 율법의

파괴자로 판결하고 돌로 쳐 죽이도록 넘겨주었다(「유대인 고대사」 20.200).

이 기록은 요세푸스가 직접 기록한 것으로 별 이의 없이 학자들에 의해 인정되고 있다. 그 기록의 연결과 내용 흐름의 자연스러움이 그 사실을 입증한다고 판단된다. 따라서 이 구절은 역사학자들에게 있어서 기독교와 관련한 중요한 증거자료로서 일반적으로 인정되고 있다.

다른 하나의 구절은 다음과 같다:

이즈음에 예수라고 하는 한 현자가 살고 있었다, 만일 굳이 그를 한 인간으로서 칭해야 한다면 말이다. 그는 놀라운 일들을 행한 사람이었으며, 진리를 기쁨으로 받아들이는 사람들의 선생이었다. 그는 많은 유대인들과 많은 헬라인들을 얻었다. 그는 메시야였다. 빌라도가 우리 최고위층의 사람들에 의해 그가 고소됨에 따라 그를 십자가형을 언도하여 처형하였으나, 처음에 그를 사랑했던 자들은 그를 사랑하기를 포기하지 않았고, 그는 사흘째 되던 날 다시 살아서 그들에게 나타났다. 하나님의 선지자들은 이것과 그에 대한 다른 수많은 놀라운 사실들에 대해 예언했었다. 그리고 그의 이름을 따라 명명된 그리스도인들이라는 종족은 지금까지 여전히 사라지지 않고 있다(「유대인 고대사」 18.63-64).

비기독교인인 유명한 유대 역사가가 이런 증언을 기록에 남겼다는 것은 많은 그리스도인을 흥분시키기에 충분할 수 있다. 그러나 학문적 관점에서 객관적으로 냉철하게 판단할 때, 이 기록은 요세푸스 자신의 기술이 아니라고 보는 것이 타당하다. 해당 내용은 전후 문맥과 전혀 연결이 되지 않고 있고, 요세푸스는 기독교인이 아니어서 이런 신앙 고백적인 진술을 느닷없이 한다는 것은 자연스럽지 않고 이치에 맞지 않는다. 따라서 이 구절은 전체나 일부가 후대에, 아마도 후대 교회에 의해 삽입된 것으로 보는 것이 자연스럽다. 지금도 적지 않은 그리스도인들이 이 구절을 기독교의 역사성을 증명하는 구절로 인용하려고 한다. 그러나 그러한 시도는 이런 배경적 지식을 가진 사람들에게 스스로 조롱거리를 자초하는 일일 뿐이다.

바울의 생김새에 대해서도 많은 사람들이 오해하고 있다. 비 성경 기독교 자료인 「바울행전」에는 이런 기록이 있다:

"그는 바울이 오는 것을 보았다. 그는 키는 작고, 대머리에, 휜 다리, 몸매는 건장했고, 두 눈썹은 중간에서 만나고, 약간 휜 코에, 친근감이 가득한 사람이었다"(「바울행전」 3:1).

바울에 대한 이러한 묘사에 근거하여 바울은 외모와 관련하여 볼품없는 사람이었다고 주장하는 경우가 있다. 그러나 이 기록을 바울이 실제로 그렇게 생겼다는 실제적인 묘사로 보기는 힘들다.

당시의 미적 관점은 현재와 판이하였고, 바울행전에서의 바울에 대한 묘사는 바울을 추남으로 그린 것이 아니라 당시의 미적 관점으로는 최상의 아름다운 모습으로 보일 수 있도록 그린 것이다. 이와 관련해서는 수많은 연구가 되어 온바, 예를 들어 헬라 시인 아킬로커스는 "내가 사랑하는 사람은 작고 휜 다리에 그의 발로 단단히 선, 따스한 마음을 가진 사람이다"라고 했다. 특히 바울에게 대입된 미적 묘사들은 당시 대표적 영웅으로 숭배되었던 헤라클레스에게서 발견되던 것이었다. 초기 교부였던 알렉산드리아의 클레멘트는 이렇게 말한다: "철학자 히에로니무스는 헤라클레스의 강한 몸을 이렇게 그렸다―작은 체구, 성긴 머리, 엄청난 힘..." 필로스트라투스는 이렇게 기술한다: "헤라클레스의 눈썹은 무성하고 하나인 것처럼 가운데서 만났고, 그의 눈은 광선을 발하였으며..., 휜 코를 가졌고..., 그의 다리는 약간 밖으로 휘어 견고하게 땅에 박힌 듯했다."

따라서,「바울행전」이라는 성경 밖의 자료에 의지해서 바울의 모습이 그러했다고 주장하는 것은 언어의 상징성을 이해하지 못함에서 오는 오해이다.「바울행전」같은 문서는 성경의 사실을 입증도 부정도 할 수 없는 하나의 참고자료일 뿐이다. 그 역사성은 신중히 판단되어야 하고, 그 중요성에 있어서 성경과 같은 수준에서 논의될 수는 없다.

맺으면서

성경 밖의 자료들에 대한 연구는 여전히 중요하며 계속되어야 한다. 이는 세상과의 대화를 위해 필요하고, 기독교 변증과 선교를 위해 필수적인 요소이기 때문이다. 그러나 성경 밖의 자료들에 과도하게 의지하고, 그 결과에 민감하여 일희일비할 필요는 없다. 그 어떤 과학적 역사적 사실이 성경과 부합하게 드러났다고 하여도 그것으로 인해 성경이 비로소 하나님의 말씀이 되는 것이 아니며, 그 반대 현상이 제시되었다고 하여 성경의 진실성이 무너지는 것은 아니다. 성경의 역사성을 과소평가하지 말아야 하고, 세상 역사자료를 과신하지 말아야 한다.

성경은 잘 이해되지 않는 사건들과 심지어 같이 낭독하기조차 부끄러운 일들까지도 솔직하게 기록하고 있다. 이것이 성경 기자들의 성경을 기록하는 기본자세였으며, 성경이 가진 기본 속성이다. 그에 더하여, 성경은 오류와 약함 투성이인 인간들의 기록에 그치지 않고, 그 기록 과정에 진리의 영이신 성령이 개입하셨다는 사실은 결코 간과되어서는 안 된다. 하나님의 말씀인 성경의 기록에 대해 더 자신하며, 세상에 대해 더 당당하고 여유로운 자세가 그리스도인들에게 요청된다.

5장

요한복음과 공관복음은 조화가 되는가?

– 요한복음과 공관복음을 보완과 조화로 읽기

요한복음은 공관복음과 다르다. 주의 깊게 성경을 읽는 사람들에게는 그 차이점은 충격적이기까지 하다. 공관복음에서는 성전 청결이 사역 후 반부에 나온다(마 21:12-17; 막 11:15-18; 눅 19:45-46). 그러나 요한복음에서는 초반부에 성전 청결이 이루어진다(요 2:13-22). 공관복음에서는 예수께서 물고기를 잡던 제자들과 그물을 깁던 제자들을 부르신다(마 4:18-22; 막 1:16-20. Cf. 눅 5:1-11). 그러나 요한복음에서는 세례요한의 소개로 그의 제자 둘이 예수님을 따르게 되는데 그 중 한 사람이 안드레였으며, 안드레가 그의 형제 베드로에게 예수님을 소개하여 예수께 데리고 오는 것으로 기록한다(요 1:35-42). 마태복음에서는 예수께서 가야바 앞에서 심문당하시지만(마 26:57-68), 요한복음에서는 예수님을 먼저 심문하는 사람이 가야바의 장인인 안나스이다(요 18:12-24). 이러한 차이점들은 어떻게 설명될 수 있을까?

자료의 문제인가, 기술의도의 차이인가?

이 요한복음과 공관복음 기록의 차이에 대한 답은 크게 두 방향에서 구해질 수 있다. 첫째는, 요한복음 기자는 공관복음 기자들의 자료들을 가지고 있지 않았고 그 자신만의 개별적인 자료를 사용했기 때문에 기록이 전혀 다르게 되었다고 보는 것이다. 두 번째 대안은 요한도 공관복음의 자료들을 알고 있었으나, 그는 그 나름의 집필 의도를 가지고 공관복음과 다른 내용을 다른 각도에서 기록했다고 보는 것이다.

편집비평을 선호하는 성향의 학자들은 물론 첫 번째 입장을 견지한다. 사실상 그들에게 있어서 요한복음의 실제 기자는 예수님의 생애를 직접 겪고 목격한 사도 요한이 아닌 제2세대 기독교인이다. 이 학자들은 요한복음의 저자는 영지주의에 깊은 영향을 받은 사람이었고, 그는 공관복음 기자들과 전혀 근원이 다른 자료들을 가지고 그리스도에 대한 그의 독특한 신학적 이해와 당시 교회의 필요에 의해 요한복음을 기록했다고 평가한다. 이러한 가정하에서는 요한복음의 기록은 역사적 사실과는 거리가 멀다. 비근한 예로, 급진적 성경해석과 회의적 예수 이해의 대표적 성서학회인 '예수 세미나(the Jesus Seminar)'에 속한 학자들은 그들의 '역사적 예수 연구(the Quest for the Historical Jeusus)'의 결과물로서 내놓은 '오복음서(the Five Gospels)'에서 요한복음 안에는 예수께서 분명히 말씀하셨다고 확신할 만한 구절이 하나도 없다고 결론 내리고 있을 정도이다.

그러나 성경 자체의 증언에 권위를 두고 성경을 해석할 때, 이런 편집비평적 접근은 정당한 대안이 될 수 없다. 무엇보다도 요한복음이 스스로 말하는 저자, "예수의 사랑하시는 제자"(13:23; 19:26; 21:7, 20, 24)는 사도요한을 지칭한다고 보는 것이 자연스럽고, 이럴 때 예수님의 애제자였던 사도요한이 스스로 보고 들은 내용은 거의 없이 다른 자료들을 토대로 비역사적 예수를 기록했다고 보는 것은 이치에 맞지 않는다. 따라서 복음주의적 입장에서는 첫째, 요한복음은 사도요한이 기록했고, 둘째 요한은 그가 복음서를 기록할 당시 다른 복음서들 자체나 그 복음서들이 사용했을 원자료들을 알았다고 이해하는 입장을 취하게 된다. 사실 요한보다 훨씬 이전에 복음서를 기록한 누가복음의 저자도 예수님에 대한 다수의 목격자의 기록을 알았다는 사실(눅 1:1-3)은 요한이 그보다 더 많은 자료를 알았을 것이라는 추정을 자연스럽게 한다.

다르게 기록하기를 원했던 요한

그렇다면 왜 요한은 그의 복음서를 다르게 썼을까? 위 논의의 결과는 그 이유를 유추할 수 있게 하는바, 다른 복음서들의 내용을 잘 아는 요한으로서는 같은 내용을 굳이 반복할 이유가 없었고, 반복하고 싶지도 않았을 것이다. 그는 오히려 이미 많은 사람에게 알려지고 읽힌 복음서들로부터 누락된 부분을 보충하기를 원했을 것이고, 그 나름의 예수님에 대한 이해를 토대로 하여 그 자신의 관점에서 복음서를 기술하기를 원했을 것으로 추정할 수 있다. 따라서 그의 복음서 내용은 타 복음서와 비교할 때 상치되지 않으나, 구별되고 독특한 성격을 띠게 됨은 당연하다고 볼 수 있다.

그러면 요한은 예수님의 삶에 대한 어떤 독특한 이해와 의도를 가지고 그의 복음서를 기술했을까? 사실 요한복음의 기술은 그 여는 순간부터 완전히 새롭다. 그에게 있어서 예수님의 탄생은 "태초에 말씀이 계시니라"(요 1:1)고 선포하며 태초에까지 거슬러 올라간다. 요한복음 첫 부분에 나타나는 요한의 예수님에 대한 이러한 독특한 이해는 그의 복음이 매우 영적이고 예수님의 가르침보다 예수님 자신에게 중점을 두는 것이라는 추론을 가능하게 하고, 이런 전제와 함께 요한복음 전체를 읽을 때 실제로 많은 부분에서 타 복음서와의 차이점이 긍정적으로 해결된다. 그렇다면 요한복음과 다른 복음서들 간의 보다 구체적인 사건들, 즉 성전청결이나 제자 부르심 등 사건들 사이에서의 차이는 어떻게 이해할 수 있을까?

보다 본질적이고 우선적인 사건을 소개하는 요한복음

이러한 문제들의 해답도 역시 요한의 저작 의도와 그의 기술 목적을 보다 더 잘 이해할 때 얻어질 수 있다. 그리고 그 해석의 열쇠는 다시 한번 그의 복음서 시작에 감추어져 있다. 요한은 예수님 출생의 근원을 "태초"로 거슬러 올라감으로 그가 예수님 탄생의 본질, 그 진정한 시작에 대해 더 관심이 있었다는 것을 보여준다. 이것은 요한이 사람들이 이미 알고 있고 이해하고 있던 예수님에 대한 어떤 사실들보다 더 본질적이면서 먼저 이루어졌던 일들에 더 관심이 있었고, 보다 근원적인 이런 사건들을 초기 기독교인들에게 알려주기를 원했다는 추정을 가능케 한다. 그리고 이런 요한의 기록특성은 요한복음과 다른 복음서 안에 있는 유사 사건들과의 관계성을 설명해 준다.

요한복음과 공관복음에 기록된 유사하지만 다른 사건들은 예수님의 탄생, 성전 청결, 제자 부르심, 향유 부음 받으심, 대제사장에게 심문받으심이 대표적이다. 공관복음과 요한복음 두 곳에 다 등장하는 이 사건들은 동일한 사건들로 이해하는 것이 가능치 않아 보인다. 아무리 기록한 사람의 관점과 기술 방식 등의 차이로 설명하려고 하여도 그 사건들 사이의 차이는 시간, 대상, 인물 등에서 너무 극명하다.

이렇게 두 유사 사건 사이의 본질적인 차이가 있으면 각각을 별개의 사건으로 이해하는 것이 성경의 역사성과 권위를 인정하면서 성경을 해석하는 유일한 실제적 대안이 된다. 이 원칙은 위의 사건들에도 적용이 된다. 그리고 이 사건들을 별개의 사건들로 볼 때 발견되는 흥미로운 공통점은 요한복음의 사건들이 공관복음의 사건들보다 모두 시간상 앞서 발생했다는 점이다. 이런 차이점과 기록의 독특함은 충분히 의도적이 아니고서는 설명되기 힘든 현상이다. 요한은 그의 복음서를 기록하면서, 공관복음서들을 통해 이미 잘 알려진 일련의 사건들과 유사해 보이지만 실상은 더 먼저 발생했었고 더 중요했었던 일들을 소개하기를 원했던 것으로 이해할 수 있다.

복음서 사건들의 조화로운 재구성

이런 관점에서, 위에 소개된 일련의 사건들의 좀 더 합리적이고 흥미로운 역사적 재구성이 가능하다. 먼저 성전 청결 사건에 관해서는, 예수께서 그의 생애에 두 번 이상의 성전청결을 하셨음을 알 수 있다. 성전 청결 사건은 여러 학자에 의해 예수께서 박해당하시게 된 주원인으로 제시되고 있는데, 요한은 그 첫 번째 사건을 기록하고 있는 것으로 보인다(요 2:13-22). 그러나 그 청결 이후에 성전이 다시 더럽혀졌음은 쉽게 짐작할 수 있고, 예루살렘에 올라가신 예수께서 여전히 문란해져 있는 성전을 보셨을 때 다시 분을 발하셨음은 당연하다. 그 마지막 성전 청결 사건, 예수께서 수난당하시기 바로 전에 일어난 성전 청결을 공관복음에서는 기록하고 있는 것이다(마 21:12-17; 막 11:15-18; 눅 19:45-46).

예수님의 심문 받으심에 대해서도, 마태/마가는 그 해 공식적인 대제사장의 위치에 있었던 가야바에 의한 심문에 중점을 두었다. 그러나 요한은 기원후 16년에 이미 공식적인 대제사장직을 잃었으나 여전히 실세였던 가야바의 장인 안나스에 의한 심문이 가야바 심문 이전에 있었음을 알았고, 예수님의 십자가 죽음은 가야바 심문 이전에 이미 안나스 심문에서 실재적으로 판결 내려졌다고 이해하여 안나스 앞에서의 심문만을 비중 있게 다룬 것으로 해석할 수 있다(요 18:12-24).

마지막으로, 제자 부르심에 대한 복음서들의 기록은 더 흥미로운 관찰을 가능하게 한다. 복음서를 종합적으로 이해할 때, 베드로 등이 제자로 헌신하게 된 것은 한 번에 된 일이 아니라 여러 과정을 거쳐 이루어졌음을 알 수 있다. 그 첫 번째 사건은 역시 가장 먼저 이루어진 일에 더 의미와 비중을 두고 기록하는 요한복음에서 찾게 된다(1:35-51). 익히 잘 알려진 바처럼, 요한은 세 번의 유월절을 기록함으로 예수 공생애의 가장 오랜 기간을 기술하고 있고, 그 3년가량의 예수 사역 가장 초창기에 이루어진 예수님과 제자들의 의미 있는 첫 만남을 기록하고 있다. 그 기록에서 요한복음은 예수께서 베드로, 안드레 등의 사람들과 처음 만나신 것은 예수께서 갈릴리 호수에 가셔서가 아니라 그들이 예수님을 찾아가면서 이루어졌다는 것을 밝힌다. 이런 관점에서 볼 때 요한의 기록에서 주목할 점은 이 예수님과 제자들과의 첫 번째 만남에서는 제자들에게 "사람 낚는 어부"로서의 전적인 헌신이 요구되지 않았다는 점이다. 따라서 예수님과 제자들의 만남 초기에는 도제제도와 같이 제자들이 예수님을 전적으로 추종한 것이 아니라, 제자들은 예수님을 따르면서 생업도 병행했던 것으로 보인다. 그 당시의 베드로와 제자들은 마치 통학하며 학업을 하는 관계에 있었다고 이해할 수 있다.

온전한 제자로서의 부르심은 마태와 마가가 기록하고 있다(마 4:18-22; 막 1:16-20). 예수님을 추종하면서도 어부의 생업도 함께 유지하고 있던 그들에게 예수께서는 "사람 낚는 어부"로서의 전적인 헌신을 요구하신다. 이때 그들은 "곧" 그물을 버리고 예수님을 좇게 된다. 마태/마가에 따르면 예수께서는 여기에서 어떤 이적도 그들에게 보이지 않으셨고 특별한 가르침도 베풀지 않으셨다. 그런데 그들은 아무 망설임 없이 즉시 예수님을 좇는다. 그들이 이미 예수님과 개인적인 깊은 만남을 갖고 있었다는 전 이해가 없이는 이 즉각적인 헌신이 잘 납득될 수 없다. 그 제자들은 이미 요한복음에 기록된 그 만남 이후로 예수님을 따르면서 그분을 잘 알고 있던 자들이었기에 예수께서 그들을 찾아오셔서 전적인 헌신의 요청을 하셨을 때 즉시 순종할 수 있었던 것으로 이해함이 자연스럽다.

세 번째 사건은 누가복음에 기록되어 있다(5:1-11). 예수께서 베드로와 제자들을 찾아오셔서 많은 물고기를 잡는 기적을 경험하게 하시고 다시 '사람 낚는 어부'로서의 헌신하게 하신 이 사건은 마태/마가의 '제자 삼으심' 사건과 유사해 보이지만 한 사건으로 조화되기에는 너무 근본적인 차이가 있다. 오히려 누가의 해당 사건은 마태/마가의 사건 이후에 또 한 번의 '제자로서의 헌신'이 이루어졌다고 이해할 수 있다. 마태/마가에 기록된 "사람 낚는 어부"로서의 헌신 이후 그들은 철저히 예수께 드려진 생활을 해야 했으나 실상은 그렇지 않았던 것으로 보인다. 그들은 어떤 이유에서인가 예수님과 온전히 함께하는 헌신의 삶에서 이탈하여 물고기를 잡는 일로 돌아갔고, 그런 상황을 누가는 소개하고 있는 것이다.

사실 그런 일이 일어날 수 있었던 가능성은 부활하신 예수님을 만난 후에도 고기 잡는 일로 돌아가려고 했던 그들의 모습(요 21:2-23)에서, 그리고 베드로에게서 종종 발견되는 그의 충동적인 성향에서 충분히 찾아볼 수 있다. 또한 누가복음 5장의 사건 이전에, 예수께서 베드로의 집에 들어가셔서 그 장모의 중한 열병을 고치신 사건이 4장에 기록된 것도 이러한 해석을 지지해 준다고 할 수 있다. 베드로의 장모를 고치신 사건은 마태/마가복음에서는 고기 잡던 베드로와 제자들을 부르신 사건(마 4:18-22; 막 1:16-20) 이후에 일어난 사건으로 마 8:14-15절과 막 1:30-31절에 소개되고 있어서, 베드로 장모 고치신 사건을 중심으로 하여 마태/마가복음과 누가복음의 베드로와 제자 부르신 사건은 전후로 자리 잡고 있다. 즉, 공관복음의 사건들을 종합적으로 정리할 때, 마태/마가복음의 베드로와 제자 부르신 사건, 베드로 장모 고치심, 누가복음의 예수께서 베드로를 찾아오신 사건 순으로 된다.

사명을 저버리고 다시 세상으로 돌아가 있는 그들을 예수께서는 다시 찾아오셔서 결정적인 헌신을 재차 요구하시게 되고, 이후 그들은 진정 온전한 제자로서의 헌신의 삶을 살게 된 것으로 보인다. 이런 이해가 선행될 때, 찾아오신 예수께 드렸던 베드로의 고백 배경과 의미가 더욱 분명히 드러나게 된다: "주여 나를 떠나소서. 나는 죄인이로소이다!"(8절)

위험에 처한 복음주의

필자는 근래에 여러 목회자에게 위에 예시한 것과 같은 복음서 내의 유사한 사건들에 대한 목회자들의 의견을 물어본 적이 있다. 이에 대한 대부분 목회자의 반응은 "생각해본 적이 없다"는 식이었다. 그러나 이러한 복음서의 차이에 대한 무관심과 무지는 현대의 비평적 성서해석의 공격에 대해 속수무책이게 된다. 성경의 기록을 순전히 인간적 관점에서 분석하고 평가하는 "편집비평"식 성서 이해는 이미 신학자와 신학교육 속에 깊이 침투해 들어와 있다. 이러한 비평적 관점에서는 복음서 간의 사건 기록의 차이에 대한 답은 간단하고 명확하다. 그것은 기자들의 자료와 생각의 차이이며, 바로 성경의 오류라는 것이다. 안타깝게도 적지 않은 현장 목회자들과 신학생들이 이러한 질문과 공격에 무방비 상태이고, 성경의 권위를 스스로 방어할 능력이 없어 보인다. 성경의 절대적 권위를 인정하고 있는 복음주의 노선의 목회자들에게는 요한복음과 공관복음의 차이, 또는 복음서 간의 차이를 명확히 이해하고, 그 차이는 틀린 점이 아니라 다른 점이며, 그 이유가 합리적으로 제시될 수 있음을 보여 주는 능력은 필수적이라 할 것이다.

Part II
주석편

문서비평 너머 성경본문 의미 찾기

6장
예수께서는 몇 번 향유부음을 받으셨는가?
– 복음서의 유사 사건 기록에 대한 복음적인 해석 원리

　　사복음서 모두는 예수께서 향유 부음 받으신 사건을 기록하고 있다(마 26:1–13; 막 14:1–9; 눅 7:36–50; 요 12:1–8). 그중 마태와 마가의 기록이 동일 사건에 대한 것임은 이론의 여지가 없다. 둘 다 사건이 발생한 시간이 '유월절 이틀 전'이고(마 26:2; 막 14:1), 장소는 베다니 나병환자 시몬의 집이다(마 26:6; 막14:3). 그와 함께 사건의 전개나 논쟁의 핵심이 동일하다. 물론 두 기록에서는 서로 다른 점들도 발견되지만, 그러한 차이점들은 서로의 기록을 보완하게 하면서 사건을 조화롭게 재구성할 수 있게 한다. 예를 들어, 마태복음의 "매우 귀한 향유"(마 26:7)는 좀 더 구체적으로 "순전한 나드"였고(막 14:3), 마태복음에서의 분을 낸 "어떤 사람들"(막 14:4)은 "제자들"이었으며(마 26:8), 그들은 "많은 값"(마 26:9) 더 구체적으로 "삼백 데나리온 이상"(막 14:5)의 향유의 가치를 언급했음도 이런 비교를 통해 밝혀진다.

그러나 누가복음의 '향유 부음 받으심'은 마태/마가의 기록과 그 핵심적인 내용에 있어서 거의 공통점이 없어서 둘을 한 사건으로 조화롭게 해석하는 것은 불가능하다. 마태/마가에게서의 잔치 초청자의 이름이 시몬이고, 누가에 나오는 바리새인의 이름도 시몬이라는 사실은 시몬이라는 이름이 당시에 흔한 이름 중 하나였다는 점을 고려할 때 두 사건을 하나로 이해하려는 관점을 지지해 주지 못한다. 누가에서의 시기는 마태/마가 보다 훨씬 전인 갈릴리 2차전도 기간 중이다. '누가'는 그 '향유 부음 받으심' 사건 바로 이어서 이루어지는 사건으로 "그 후에 예수께서 각 성과 마을에 두루 다니시며 하나님의 나라를 선포하시며 그 복음을 전하실새 열두 제자가 함께 하였고 또한... 여러 여자가 함께 하여 자기들의 소유로 그들을 섬기더라"(눅 8:1-3)고 설명하고 있고, 그 후에 오병이어 기적(눅 9:10-17), 베드로의 신앙고백(눅 9:18-27), 변화되심과 아이 고치심(눅 9:28-43) 등을 기술함으로, '죄를 지은 한 여자의 향유 부은 사건'의 시점이 마태/마가가 소개하는 유월절 직전보다 훨씬 이른 시기임을 분명히 하고 있다. 마태/마가가 소개하는 "한 여자"가 누가가 말하는 "죄를 지은 한 여자"였다고 추정하기에는 두 기록의 시점, 내용상의 전개와 묘사되는 상황, 논쟁의 본질이 너무 다르다.

'향유 부음 받으심' 사건의 요한과 마태/마가의 유사성

그러면 요한의 기록은 어떠한가? 일견해서는 요한복음의 '향유 부음 받으심'이 마태/마가복음과 같은 사건으로 보인다. 마태/마가복음에서처럼 요한복음의 지역도 베다니 이며(마 26:6; 막 14:3; 요 12:1), 향유도 동일하게 "순전한 나드 한 근"이다(막 14:3; 요 12:3). 논쟁의 핵심도 유사하다. 즉, 두 기록에서 모두 그 향유를 부은 행위가 낭비라고 비난받지만, 예수께서는 그 의미를 밝히고 칭찬하신다. 따라서 성서학자들은 일반적으로 이 두 기록을 동일한 한 사건의 기록으로 보면서 서로를 조화시키는 시도를 해 왔고, 사실 대부분의 차이점은 어렵지 않게 보완하며 조화시킬 수 있어 보인다. 예를 들자면 마태/마가복음의 "한 여자"는 요한복음의 기록에 따라 마리아였고, 불평한 "제자들"(마 26:8) 중 가룟 유다가 특히 심하게 불평했다고 보는 것이다(요 12:4-6). 또한 일부 학자들의 주장처럼, 마태/마가복음이 집주인으로 소개하고 있는 시몬을 마리아와 마르다 형제의 가족으로서, 즉 그들의 아버지나 심지어는 마르다의 남편으로 추정할 수도 있다.

요한과 마태/마가의 결정적 차이

그러나 마태/마가복음과 요한복음의 '향유 부음 받으심'에 관한 기록을 동일 사건으로 이해하려고 할 때 결정적인 문제가 발견된다. 그것은 그 사건들의 시기이다. 마태/마가복음은 유월절 이틀 전이라고 하나, 요한은 "유월절 엿새 전"(요 12:1)이라고 한다. 물론 "이틀을 지나면 유월절이라"(마 26:2)는 구절을 포함한 마 26:1-5의 일련의 사건과 바로 따라오는 '향유 부음 받으심' 사건을 시간상으로 연속적이 아닌 기록으로 해석하는 것이 아주 불가능한 것은 아니나, 이에는 큰 무리가 따른다. 마태와 마가가 특히 예수님의 수난사건 기록에 있어서 시간적인 순서를 따르고 있는 것으로 보이고, '향유 부음 받으심' 바로 후에 따라오는 가룟 유다의 배반과 성만찬에 대한 기록도 사건 시간대의 흐름을 따른 연속적인 기록으로 보는 것이 자연스럽기 때문이다.

사실 이러한 문제를 가지고 고민하며 복음서를 상호 간에 조화시켜 해석하려고 하는 것은 편집비평적 시각으로 성서에 접근하는 사람들에게는 전혀 가치 없는 시도들일 수 있다. 자료설과 편집비평적 관점에서는 이런 기록들의 유사성과 차이점이 매우 간단하게 설명되기 때문이다. 즉, 복음서 상호 간의 같은 점은 같은 자료를 사용했기 때문이며, 다른 점은 다른 자료를 사용했거나 또는 당시 상황적 필요, 성서 편집자의 신학/편집 의도가 달랐기 때문이라고 보는 것이다. 이러한 해석방법에 있어서 '실제로 무슨 일이 발생했는가?' 하는 사실 규명은 별로 중요하지 않게 될 수 있다. 중요한 것은 편집자의 의도와 당시 교회에서의 필요성이다. 편집비평에서는 성경의 오류와 부조화는 자연스러운 현상이고, 성경해석에 있어서 중요한 것은 그 사실성 보다 그 의미가 된다.

물론 복음주의자들도 성서 기자의 신학과 기록 특성에 대한 이해를 중요한 신학적 과제로 인정한다. 그러나 그것은 성서의 사실성을 무시하거나 넘어선 저작과 편집을 의미하지는 않는다. 성경의 진리성은 언제나 그 사실성에 바탕을 두고 있다. 사실을 왜곡한 진리란 용납될 수 없다. 사실, 일견하여 부조화나 오류로 해석될 수 있는 성서의 기록들도 그 기록의 사실성에 대한 확신을 두고 접근할 때 여러 대안을 통해 조화로운 해석이 얼마든지 가능하다. 그러나 그 조화로운 해석의 시도는 억지스럽지 말아야 하고, 어설프게 단정적이지 말아야 한다. 이러한 입장에서 볼 때, 마태/마가와 누가의 '향유 부음 받으심'을 동일한 사건으로 보는 것은 무리인 것처럼 보인다. 둘을 동일한 사건으로 주장한다면 어느 한쪽의 기록에는 문제가 있음을 인정하게 되는 형국이다. '이틀 전'과 '엿새 전' 둘 다가 사실일 수는 없다.

요한의 '향유 부음 받으심'을 해석하는 대안

따라서 '향유 부음 받으심'에 있어서 마태/마가복음과 요한복음 기록의 사실성을 둘 다 인정하는 거의 유일한 대안은 두 기록이 별개의 사건을 다루고 있다고 보는 것이다. 즉, 예수께서는 유월절 엿새 전에 마리아에게 향유 부음을 받으셨으며, 이틀 전에 다시 "한 여인"으로부터 향유부음을 받으셨다는 것이다. 이런 이해는 복음서들의 사건 기록 순서를 통해서도 지지 되고 있는바, 마태/마가복음과 요한복음의 두 향유 부음 받으심 사건은 이틀과 엿새라는 그 날짜의 구분을 통해서뿐 아니라 예수님의 예루살렘 입성 사건을 기점으로 하여 전후로 시점이 갈리고 있다. 즉, 요한복음에서는 향유 부음 받으신(요 12:1-11) 이후에 예루살렘 입성(요 12:12-19)이 있고, 마태/마가복음에서는 예루살렘 입성(마 21장, 막 11장) 이후에 향유 부음 받으심(마 26장, 막 14장)이 이루어진다.

실제로 당시 유대인들에게는 몸에 기름을 붓거나 바르는 행위가 일종의 중요한 관습이었고(신 28:40; 룻3:3; 삼하 12:20; 마 6:17), 손님에게 그의 발을 씻도록 물을 제공한 후에 바르는 기름을 제공하는 것 역시 관례에 속했다(시 23:5; 눅 7:46). 이러한 당시의 관습에 대한 이해는 예수께서 누가가 말하는 "죄인인 한 여인"을 포함하여 여러 사람에 의해 향유 부음 받으셨다고 추정하는 것을 가능하게 한다.

요한복음의 '향유 부음 받으심'을 마태/마가복음의 기록과 별개의 사건으로 이해하는 것은 필자가 전 장(5장 "요한복음과 공관복음은 조화가 되는가?")에서 다루었던 요한복음의 특성과 부합하고 있다. 십자가 고난 이틀 전에 이루어진 '향유 부음 받으심'보다 벌써 여러 날 전에 같은 의미의 사건이 마리아를 통해 이루어졌음을 알고 있었던 요한은 우선적인 것을 먼저 기록하는 그의 기록 특성에 따라 그 먼저 발생한 사건을 소개했다고 볼 수 있다. 사실 예수님의 향유 부음 받으신 사건은 매우 상징적인 사건으로서 그의 돌아가심과 근접하여 그런 의미 있는 사건이 반복적으로 발생했다고 충분히 추정할 수 있다.

같은 사건으로 오해될 수 있는 별개의 사건들

예수님의 생애 중에는 같은 사건으로 오해할 수 있으나 실제로는 다른 사건들이 있음을 복음서 기자들 스스로가 직접 증언한다. 마태는 귀신 들려 벙어리 된 자를 예수께 데려오니 예수께서 고쳐주셨고, 이에 대해 바리새인들이 저가 귀신의 왕을 빙자하여 귀신을 쫓아낸다고 비난하였다고 말한다(마 9:32-34). 그리고 그 후에 귀신에 들려 눈멀고 벙어리 된 자를 데리고 오니 예수께서 고쳐주시고, 바리새인들이 동일한 비난을 했다고 기술한다(마 12:22-24). 이 두 사건은 고침을 받은 사람의 상태와 따라오는 사건의 전개가 매우 유사하기 때문에 한 복음서에서 발견되지 않았다면 같은 사건의 다른 버전이라고 오해할 수 있었을 것이고, 성경의 사실성을 인정하면서 두 기록을 조화롭게 읽기에는 큰 무리가 따랐을 것이다. 그러나 마태 스스로가 이 두 사건이 명백히 다른 사건임을 증거하고 있다. 누가도 "...예수께서 질병과 고통과 및 악귀 들린 자를 많이 고치시며 또 많은 소경을 보게 하신지라"(눅 7:21)고 증언함으로 예수님의 사역 중에 많은 유사한 사건들이 있었을 가능성을 명시한다.

갈릴리 호수에서 풍랑을 만나 고통 중에 있던 제자들을 예수께서 구하신 일도 복음서는 두 번의 별개의 사건을 기록한다. 먼저 일어난 사건은 예수께서 주무실 때 일어났고(마 8:23-27; 막 4:35-41; 눅 8:22-25), 그 다음에는 제자들이 예수님의 명령에 따라 갈릴리 호수 건너편으로 가면서 이루어졌다(마 14:22-33; 막 6:45-52; 요 6:15-21). 또한 어떤 율법 교사가 "내가 무엇을 하여야 영생을 얻으리이까?"(눅 10:25)라고 예수께 물어온 사건도 어떤 관리가 "선한 선생님이여 내가 무엇을 하여야 영생을 얻으리이까?"(눅 18:18)라고 물어온 사건과 별개의 사건이다. 누가만 기록하고 있는 전자의 사건은 그 질문의 유사성으로 인해 후자의 사건과 동일 사건으로 혼동을 일으킬 수 있지만 누가는 두 사건이 전혀 별개의 사건임을 확실히 하고 있고, 마태와 마가는 후자의 사건만을 기록하고 있다(마 19:16-30; 막 10:17-31).

관련하여 가장 흥미로운 기록은 예수께서 적은 떡과 물고기로 많은 무리를 먹이신 사건들에 관한 것이다. 예수께서는 떡 다섯 개와 물고기 두 마리로 여자와 아이 외에 오천 명을 먹이셨다. 그리고 떡 일곱 개와 작은 생선 두어 마리로 여자와 아이 외에 사천 명을 먹이셨다. 전자의 경우에는 열두 바구니의 남은 조각을 거두었고 후자의 경우에는 일곱 광주리의 조각을 거두었다. 이 기적이 다른 장소에서 다른 시기에 행해진 별개의 사건 임은 두 사건 모두가 마태와 마가에 기록된 것을 통해 분명하다('오병이어' 마 14:13-21; 막 6:30-44. '칠병이어' 마 15:32-39; 막 8:1-10). 만약 한 기적이 한 복음서에만 기록되고, 다른 복음서에는 다른 기적이 기록되었다면, 이 '떡과 물고기의 기적'은 편집비평자들에게 한 사건에 대한 다른 기록으로 쉽게 치부되어 버렸을 것이다. 그러나 이 두 사건은 유사해 보이지만 별개의 사건이며, 이 사건에 대해서는 예수께서도 스스로 이 사실을 명확히 해 주고 계시다: "너희가 아직도 깨닫지 못하느냐, 떡 다섯 개로 오천 명을 먹이고 주운 것이 몇 바구니며 떡 일곱 개로 사천 명을 먹이고 주운 것이 몇 광주리이던 것을 기억지 못하느냐?"(마 16:9-10. cf. 막 8:19-20).

나가는 말

유사하지만, 조화가 매우 난해한 성경의 사건들은 별개의 사건으로 이해하고 해석을 시도해 보아야 한다. 이런 접근 방식은 사복음서 간에 부조화처럼 보이는 경우들을 많은 부분에서 해결해 줄 수 있다. 예를 들어 예수님의 성전 청결, 제자 부르심, 수난당하심에 대한 기록뿐만이 아니라 그 외에 여러 가르침도, 유사해 보이지만 하나의 사건으로 조화시켜 이해하기에 큰 무리가 따를 때가 있는데, 이런 경우에는 복음서 기자들이 서로 다른 사건을 다루고 있을 가능성을 신중히 고려해 보아야 한다(이 주제와 관련하여 5장 "요한복음과 공관복음은 조화가 되는가?"를 참고).

  이처럼 하나의 사건으로 조화가 어려운 마태/마가복음과 요한복음의 '향유 부음 받으심'을 별개의 두 사건으로 볼 때 사실 매우 흥미롭고 자연스러운 스토리의 재구성이 가능하다. 유월절 엿새 전에 예수께서는 마리아로부터 향유 부음을 받으신다. 그 광경을 본 가룟 유다는 "이 향유를 어찌하여 삼백 데나리온에 팔아 가난한 자들에게 주지 아니하였느냐"(요 12:5) 하며 분을 낸다. 이에 대한 예수님의 반응은 비교적 간략하다. 그러나 그 나흘 후 예수께서 다시 "한 여자"에 의해 향유 부으심을 받으셨을 때, 이미 가룟 유다의 불평에 감염된 제자들은 재정책임자로서 누구보다도 숫자에 밝았던 가룟 유다의 "300 데나리온"이라는 말을 상기하며 이번에는 "300데나리온 이상에 팔아"(막 14:5)라고 과장하며 여인을 책망한다. 이에 대한 예수님의 반응도 여자를 괴롭게 하지 말라고 하시며 나흘 전보다 더 강력하고 구체적이다. 이 두 사건의 진행과 거기에서 보이는 제자들의 행태는 사람들이 얼마나 쉽게 불평에 감염되는지 그리고 얼마나 부정적인 과장에 익숙한지에 대한 경계의 교훈도 주고 있다.

7장
요한복음에서도 유대 시간을 사용하고 있는가?
– 로마 시간 개념으로 요한복음과 수가 성 여자 사건 읽기

예수께서 사마리아에 있는 수가라 하는 동네에 이르셨을 때 곤하여 우물곁에 앉으셨다. 요한은 "그때가 제 육시쯤 되었더라"(요 4:6)고 기록한다. 이 시각에 대해서는 두 가지 선택이 있을 수 있다. 현대 시간 개념과 같은 당시의 로마 시간 개념으로 보면 저녁 6시경이 된다. 그러나 유대 시간을 따르면 낮 12시경이다. 그리고 이 시각에 대한 일반적인 목회자들의 이해는 유대 시간 개념에 따르는 낮 12시경이다. 요한복음의 이 사건에서도 당연히 유대 시간이 쓰였다고 생각하기 때문이다.

수가성 여자의 사건을 이렇게 유대 시간 개념으로 이해하면서 많은 설교자가 그 사건에 나름 "은혜로운" 해석을 더 하고 있다. 다섯 명의 남자를 거쳐 당시 시점에서는 여섯 번째의 '남편 아닌 남자'와 부끄러운 삶을 살고 있었던 그 여자는 사람들이 붐비는 저녁 시간을 피해 인적이 드문 뜨거운 한낮에 물을 길어 왔고, 거기에서 예수님과 만남으로 인생의 방황은 종료

되고 영원한 생수를 누리는 삶을 살게 되었다는 것이다.

그런데 정말 그 여자는 오후 6시에 물을 길러 왔을까? 그 사실 여부는 요한복음이 유대 시간을 사용하고 있는가에 달려 있다. 그러면 요한복음은 유대 시간을 사용하고 있다는 점은 확실한가? 로마 시간을 사용하고 있다는 증거는 없는가?

성경의 기본적인 시간 이해

성경의 기본적인 시간 이해는 현대 시간과 다르다. 유대인들의 하루는 해 지는 시각인 저녁 6시경으로부터 환산되어 다음 날 해 지는 시각까지이다. 따라서 현대 시각 저녁 6시가 유대 시각으로는 0시가 되고, 역으로 성경의 기록에 있는 0시는 현대 시각(로마 시각) 6시로 이해하게 된다. 유대 시각 3시는 현대 시각 9시, 6시는 12시, 9시는 3시이다. 구약에서는 이런 유대 시간제가 사용되었음이 이론의 여지가 없다.

신약에서도 일견하여 상황은 같아 보인다. 마태복음 20장에서는 품군을 고용하는 주인이 이른 아침에 품꾼을 고용한 후 3시에서 11시까지 사람들을 불렀다고 한다. 그리고 11시에 온 사람들은 한 시간만 일하였다고 한다(마 20:12). 따라서, 여기에 명시되어 있는 3시와 11시는 유대 시각이고, 그에 대한 로마 시각이 각각 오전 9시와 오후 5시임은 분명하다. 마태는 확실히 유대 시간을 사용하고 있다.

마가와 누가는 마태와 동일한 시간 개념을 사용하고 있다. 마태는 예수께서 십자가에 달리신 후 제 6시로부터 온 땅에 어두움이 임하여 9시까지 계속되었다고 기술하고 있다(마 27:45). 마가와 누가도 이와 관련하여 동일한 시각을 기록한다(막 15:33-34; 눅 23:44). 따라서 마태가 유대 시간을 사용하고 있다는 사실이 분명함과 함께, 마태와 동일한 시간제를 사용하고 있는 마가와 누가도 유대 시간을 사용하고 있다는 점이 확인된다.

요한도 유대 시간개념을 사용하고 있는가?

공관복음의 시간은 유대 시간이다. 그렇다면 요한은 어떤가? 요한복음의 시간도 유대 시간인가? 이에 대해서는 논쟁이 있어 왔으나 현재까지의 대세는 역시 요한도 유대 시간을 쓰고 있다는 것이라 할 수 있다. 그러나 분명한 것은 요한이 유대 시간을 따르고 있다는 결정적인 증거는 그 복음서 어디에도 없다.

요한복음에는 시간에 대한 기록이 네 군데 있다. 요한복음 1:39에서는 요한의 제자들이 예수님을 따라가 함께 거한 "때가 제 10시쯤 되었더라"고 한다. 4:6에서는 예수께서 수가성 우물곁에 앉으신 "때가 제 6시쯤 되었더라" 하였다. 4:52에서는 왕의 신하의 아들이 나은 때가 "어제 제 7시"라고 말한다. 마지막으로, 19:14에서는 예수께서 '박석'이란 그 곳에서 재판 받기 시작하신 시각이 "제 6시"라고 증거하고 있다. 앞의 세 사건에서 나오는 시간은 로마 시간과 유대 시간 어느 쪽에도 결정적 증거를 제공하고 있지 않는 것으로 보인다. 따라서 그 시각들은 로마 시간으로 이해하여 해석할 수도 있고 유대 시간으로 이해하여 해석할 수도 있다. 그러나 마지막의 경우, 즉 예수께서 '박석'에서 재판을 받으시는 "제 6시"의 경우는 면밀히 살펴보아야 할 필요가 있다. 이 사건은 요한이 사용하고 있는 시간에 대해 결정적인 단서를 제공한다.

유월절의 준비일인가? 안식일의 준비일인가?

요한복음에 나오는 시간 표현의 마지막 구절인 요 19:14의 정확한 문구는 "이날은 유월절의 준비일이요 때는 제 육시라"이다. 여기에서 "제 육시"를 정확히 이해하기 위해서는 "유월절의 준비일"이 구체적으로 어떤 날을 지적하고 있는지가 먼저 다루어질 필요가 있다. 이 "유월절의 준비일", 예수께서 수난당하신 날은 복음서 안의 해석하기 난해한 구절 중 하나로 여겨지며 성서학자들 사이에 오랜 논쟁과 고민거리가 되는 구절이다. 하지만 이 구절을 복음서 조화의 관점에서 볼 때 그 결론은 의외로 간단하다. 그리고 그 결론은 적어도 필자에게는 유일한 대안으로 보인다.

공관복음에 의하면 예수께서 수난당하신 날은 "유월절의 준비일"이 아닌 "유월절" 또는 "무교절"의 첫날이다. 마태와 마가는 "무교절의 첫날" 곧 "유월절 양 잡는 날"(마 26:17-19; 막 14:12-16)에 예수께서 제자들과 함께 최후의 만찬을 하셨다. 누가도 유월절 양을 잡을 무교절이 이르렀을 때 '큰 다락방'에서 유월절을 드셨다고 하여(눅 22:7-16), 마태/마가와 맥락을 같이 한다. 즉, 예수께서는 7일 동안 계속되는 유월절 절기의 첫날에 당신의 대속의 죽음을 상징하는 만찬을 나누셨고, 바로 그 밤에 겟세마네 동산에서 기도하셨고, 잡히셨고, 새벽까지 심문받으신 후 십자가에 넘겨지셨다. 그 십자가에 달리신 시간이 유대 시간으로 제3시부터(막 15:25) 9시, 로마 시간(현대 시간)으로는 오전 9시부터 12시까지였다.

반면에 요한은 "유월절의 준비일"에 예수께서 재판받으셨다고 한다. 이 표현은 일견해서는 유월절을 준비하는 유월절의 전날을 의미하는 것으로 보이고, 따라서 "무교절의 첫날"이라고 기록하는 공관복음과 조화가 불가능해 보인다. 그러나 "유월절의 준비일"이 유월절의 전날로만 해석되어야 하는 것은 아니고, 유월절 절기 안의 "준비일"이라는 어떤 특정한 날을 지칭한다고 볼 수 있다. 다시 말하여, 이 "준비일"은 유월절이 아닌 유월절 절기 안의 다른 어떤 특정한 날을 준비하는 날을 의미할 수 있다.

그렇다면 그날은 어떤 날을 준비하는 "준비일"일까? 그 답은 복음서 자체 안에 있다. 당시 가장 큰 명절인 유월절 절기 중에 지키게 되는 안식일은 특별한 안식일인 "큰 날"로 여겨졌고, 따라서 유대인들은 그 '큰 안식일'을 준비하는 전날을 "안식일의 준비일", 심지어는 단순히 "준비일"이라고만 칭하였다. 마태는 "준비일"을 단독으로 사용하여 "그 이튿날은 준비일 다음 날이라"(27:62)고 하는데, 이는 그다음 날이 곧 유월절 안의 '큰 안식일'이라는 뜻이다. 이날에 대해 마가는 "이날은 준비일 곧 안식일 전날"(15:42)이라고 보다 상세하고 정확히 설명하고 있다. 누가도 "이날은 준비일이요 안식일이 거의 되었더라"(23:54)고 설명한다.

따라서 요한복음을 읽을 때, 요한복음의 "유월절의 준비일"은 유월절의 전날이 아닌 유월절 절기 안의 안식일 전날을 표현하고 있음이 명확해진다. 요한은 예수께서 운명하신 날에 대해 이렇게 설명한다: "이날은 준비일이라, 유대인들은 그 안식일이 큰 날이므로"(19:31). 또한, "이날은 유대인의 준비일"(19:42)이라고 기록한다. 이렇게 요한은 "준비일"을 단독으로 사용하면서, "준비일"이라는 표현이 유월절 절기 안에 있는 '큰 안식일'을 위해 준비하는 날에 대한 전형적인 표현임을 분명히 하고 있다.

요한복음의 시간이 로마 시간제로 이해되어야 하는 결정적 이유

지금까지의 논의의 결론은 예수께서 수난당하신 시간은 공관복음이나 요한복음이나 같이 안식일 전날 즉, 현대 시간 개념으로 목요일 밤부터 금요일 오후까지라는 사실이다. 이러한 이해를 전제로 할 때, 예수께서 빌라도의 재판석 앞에 서신 시각을 "때는 제 6시라"고 요한이 기술한 것은 요한복음의 시간 개념을 확정하는 데 있어서 결정적인 역할을 한다.

공관복음에 의하면 예수께서는 밤에 심문받으시고 새벽에 빌라도에게 넘겨지셨다(마 27:1-2; 막 15:1; 눅 22:66-23:1). 그렇다면 빌라도의 재판석 앞에 서신 요한복음의 제 6시는 과연 몇 시를 말하는 것일까? 유대 시각으로 해석한다면 밤 12시 아니면 낮 12시이다. 그러나 그것은 전혀 가능성이 없다. 밤에는 예수께서 빌라도에게 넘겨지지 않으셨으며, 정오는 십자가에 달리고 계신 한 중간이다. 따라서 그 시각은 로마시각인 새벽 6시로 볼 수밖에 없고, 그렇게 읽을 때 복음서의 기록들이 들어맞는다. 따라서 복음서들을 종합적으로 관찰할 때 요한복음의 시간 개념에 대한 선택은 유일하다. 요한의 시간 개념은 로마적이다!

사실, 요한복음은 헬라철학에 그 뿌리를 두고 있는 '로고스' 개념과 함께 말씀을 도입하고 있고, 그 책 전체에는 영지주의 이원론과 긍정 부정으로 관계되는 여러 요소가 스며들어 있어서, 요한이 당시 헬라의 세계관과 얼마나 깊이 교감하고 있는가를 볼 수 있다. 또한 요한의 저작은 성경 중 가장 후대 시대에 이루어졌고, 따라서 더 그리스-로마문화에 노출되고 그 시공간 개념과 더 많이 교감할 수 있었다고 추정하는 것은 자연스럽다. 이에 더하여, 요한복음과 요한계시록 여러 곳에서는 아람어와 히브리어를 번역하여 뜻을 밝히고 있는데(요 1:38, 41, 42; 요 9:7; 계 9:11; 계 16:16) 이는 독자가 유대인에 국한되었다면 굳이 할 필요가 없는 일이었다. 특히 요한복음 도입부에서는 '랍비'와 '그리스도'까지 번역하고 있는데(요 1:38 "랍비는 번역하면 선생이라", 요 1:41 "메시야는 번역하면 그리스도라"), 이는 요한의 저작이 유대 세계에 국한되지 않고 훨씬 폭넓은 세계, 즉 로마 시간을 쓰는 그리스-로마 문명 세계를 대상으로 하고 있음을 확인할 수 있다.

수가성 여자는 저녁 6시경에 물을 길어 왔다

요 19:14에 근거한, 요한이 로마 시간을 쓰고 있다는 결론은 요한복음의 다른 부분에까지 적용되어야 함은 당연하다. 따라서 요한의 제자들이 예수님을 좇아가 거한 때는 오후 4시가 아닌 밤 10시쯤이었고, 왕의 신하의 아들이 병이 낫기 시작한 때는 1시가 아닌 7시이다(오전과 오후는 분명치 않다). 그뿐만 아니라 수가성의 여자가 물을 길으러 온 시각도 한낮이 아닌 저녁 여섯 시쯤이었다.

어떤 독자는 이 해석이 그 여자가 부끄러운 삶을 사는 여자였다는 사실과 잘 부합되지 않는다고 지적할지도 모르겠다. 그러나 본문을 선입견을 배제하고 읽을 때, 그 여자는 여러 "죄인"이었던 여자들, 즉 예수께 향유 부은 "죄를 지은 한 여자"(눅 7:37)라든가 "음행 중에 잡힌 여자"(요 8:3)와는 달리 명확하게 죄인이라고 지목되고 있지 않음은 분명히 짚어져야 한다. 당시는 전쟁 등으로 재혼이 적지 않던 시대여서, 바렛(C. K. Barrett), 카슨(D. A. Carson) 등이 제시하듯이 여자들이 법률적으로 이혼한 다섯 남편을 가질 수 있었다. 이에 대해서 랍비들은 세 번까지의 이혼과 결혼은 인정했고 그 이상은 인정하지 않았다(S. B. II, 437). 따라서 예수께서 그 여자에게 말씀하신 바는 그 여자가 법률적으로 인정될 수 있는 한도를 넘어서 결혼했고, 지금 함께 살고 있는 남자는 법률적으로 인정받지 못하는 사람이라는 지적으로도 볼 수도 있다.

이런 관점에서 주목해 보아야 할 부분은 예수께서 여자에게 그 말씀을 하신 이후 여자의 반응은 부끄러움과 회개가 아니었다는 사실이다. 그는 다만 예수님의 초자연적 지식에 놀라고 예수님의 선지자 됨을 인정하게 된다. 따라서 그 여자가 손가락질받던 '더러운 여자'여서 사람들을 피하여 한낮에 물을 길어 왔다고 주장할 수만은 없다.

여전히 은혜로운 수가 성 여자의 사건

수가성의 그 여자는 모리스(Leon Morris)가 주장하듯이 많은 남자를 이혼시킬 수 있는 재력과 사회적 지위가 대단한 여자였을 수 있다. 예수님을 만나고 물동이를 버려두고 동네로 들어간 여자는 예수님을 그리스도라 소개하고, 그 말을 들은 사람들이 예수께로 나아오게 되고 많은 사람이 예수님을 믿게 되었으며, 그들이 "이제 우리가 믿는 것은 네 말로 인함이 아니니 이는 우리가 친히 듣고 그가 참으로 세상의 구주신 줄 앎이라"라고 여자에게 고백하게 된다(4:28-30, 39-42). 만약 그 여자가 음녀, 매춘부, 더러운 여자였다면 그런 인정과 소통의 상황이 전개되었을 수 있었을까? 오히려 그런 상황은 그 여자가 그 사회에서 손가락질받으며 언제든지 돌로 쳐 죽임당할 위험에 놓여 있던 '더러운 여자'가 아닌, 그 세속화된 사회에서 돈과 지위와 미모로 여러 남자를 휘둘렀던 영향력이 큰 여자였을 것이라는 가능성에 더 무게를 두게 한다.

그러나 표면적으로 볼 때는 아무것도 부러운 것이 없어 보이던 그 여자의 내면은 지쳤고 메말랐고, 갈급해 하고 있었다. 그러다가 그 여자는 구원자이신 예수님을 만난다. 그분을 통해 그 여자는 영생하도록 솟아나는 샘물을 얻게 된다. 그래서 이 수가성 여자의 사건은 그 여자가 '더러운 여자'가 아니면서도 여전히, 아니 모든 물질적인 만족과 향락의 홍수 속에서 성적 방종에 탐닉하는 이 현대 사회를 향하여 더욱 은혜로운 메시지를 던지고 있다.

8장
스데반 집사의 설교는 왜 유대인들을 자극했는가?
– 누가복음과 사도행전을 한 안목으로 읽기

왜 스데반 집사의 설교를 듣던 유대인들은 '마음에 찔려 그를 향하여 이를 갈고' '큰 소리를 지르며 귀를 막고 일제히 그에게 달려들어'(행 7:54-58) 그를 돌로 쳐 죽였을까? 과연 그 설교의 어떤 점이 그들을 그렇게 자극했는가? 사도행전 내에서 긴 설교 중 하나인 그 메시지의 핵심은 무엇이었는가? 스데반 집사의 설교에 대한 이러한 의문은 누가복음과 사도행전 전체의 사상과 특성을 하나로 통합하여 읽는 이해가 없이는 명쾌하게 해결될 수 없어 보인다. 고도의 문학, 수사학, 이야기 전개 능력을 소유하고 있었다고 인정받고 있는 저자는 누가복음과 사도행전 두 권의 책 전체에 걸쳐서 그의 생각을 일관되게 펼쳐나가고 있고, 어느 메시지보다도 길게 상술된 스데반 집사의 설교는 누가의 기록 의도와 밀접한 연관성을 가지고 있다고 평가하는 것이 합리적이기 때문이다.

누가복음과 사도행전을 '누가-행전'으로 읽기

　누가복음과 사도행전은 한 저자에 의한 두 권의 저작이다. 설혹 이 두 성서의 저자를 누가라는 특정인으로 지목하지 않는다고 하더라도, 적어도 이 두 성서가 한 저자에 의해 기록되었다는 점은 분명히 인식되어야 한다. 그러한 시각으로 이 두 책을 대할 때에만이 저자의 기술 특성과 기록 목적을 더욱 정확하게 파악할 수 있다. 이러한 누가복음과 사도행전의 긴밀한 관계를 충분히 고려하여 두 권을 한 권 같이 다루고 이해하는 개념을 '누가-행전(Luke-Acts)'이라고 한다.

　누가복음과 사도행전이 각자가 아니라 '누가-행전'으로 연결된다는 사실은 여러 부분에서 어렵지 않게 발견된다. 길게 설명할 필요도 없이 두 책의 서문들은 그 책들이 한 저자에 의해 기록되었음을 자연스럽게 보여준다. 두 책의 수신자는 데오빌로라는 같은 사람이고(눅 1:3; 행 1:1), 사도행전은 "데오빌로여 내가 먼저 쓴 글에는 무릇 예수께서 행하시며 가르치시기를 시작하심부터 그가 택하신 사도들에게 성령으로 명하시고 승천하신 날까지의 일을 기록하였노라"(1:1-2)라는 말로 시작되는데, 여기에서 "먼저 쓴 글"을 누가복음으로 이해하는 것은 극히 자연스럽다.

　더불어, 누가복음의 끝부분에는 "볼지어다 내가 내 아버지께서 약속하신 것을 너희에게 보내리니 너희는 위로부터 능력으로 입혀질 때까지 이 성에 머물라"(24:49)는 예수님의 명령이 기록되어 있는데, 사도행전은 그 말씀을 상기시키면서 시작한다: "... 예루살렘을 떠나지 말고 내게서 들은 바 아버지께서 약속하신 것을 기다리라"(1:4). 이러한 '누가—행전'으로의 이해는 누가복음 서문에 나타나는 저작목적이 누가복음에만 한정되는 것이 아니라 그 둘째 책인 사도행전에까지 적용되어야 한다는 주장도 설득력을 얻게 한다.

'누가-행전'을 꿰뚫는 일관성 있는 주제들

이렇게 누가복음과 사도행전을 '누가—행전' 식으로 이해하면서 읽을 때, 두 책 속에 흐르고 있는 핵심 메시지는 일관된다는 사실을 발견할 수 있다. 예를 들어, 누가복음의 중요한 주제 중 하나는 '사회적 약자를 향한 배려와 관심'이고, 특히 이방인들에 관한 관심은 주목할 만하다. 예수께서는 엘리야가 시돈 땅 이방 여인 한 사람에게만 보내졌고, 엘리사 때에 고침 받은 문둥병자는 오직 이방 사람 나아만 뿐이었음을 지적하신다(눅 4:24-27). 차별받고 천대받던 사마리아 사람만이 강도 만난 사람을 도왔다는 비유의 말씀도 누가복음에 있다(눅 10:30-37). 탕자의 비유에서 돌아와 아버지 품에 안긴 둘째 아들이 이방인을 의미함은 그 비유에 대한 가장 보편적인 해석이다(눅 15:11-32). 열 명의 나병환자 중 돌아와 예수께 감사한 자도 사마리아인 한 사람뿐이었고, 예수께서는 "이 이방인 외에는 하나님께 영광을 돌리러 돌아온 자가 없느냐"(17:16-19)고 말씀하시며 칭찬하신다. 누가복음의 결론은 복음이 "모든 족속"에게 전파된다는 사실이다(24:47). 이방인들에 대한 이러한 관심이 사도행전에서도 주요 주제임에 대해서는 긴 설명이 필요치 않을 것이다. 사도행전의 기록에서 복음은 예루살렘에서 땅끝으로 퍼져나가고, 예루살렘교회 중심의 기독교 신앙은 이방 각 지역교회로 뿌리내려지며, 사도바울은 그의 사역 중에 그의 이방에 관한 관심과 이방 세계 전도의 당위성을 거듭거듭 역설한다.

성령에 대한 강조도 '누가-행전'을 꿰뚫는 주목할 만한 특징 중 하나이다. 사도행전은 성령의 역사에 대한 강조로 '성령의 행전'이라는 별칭까지 얻었을 정도인데, 이 성령에 대한 강조는 사도행전에서 비로소 시작된 것이 아니라 누가복음의 처음부터 강조되고 있다. 마리아(1:35), 엘리사벳(1:41), 사가랴(1:67), 시몬(2:25, 26, 27), 이 모든 사람에게 성령의 역사가 있었음을 누가는 강조한다. 물론 성령에 대한 언급은 다른 복음서에서도 찾아볼 수 있고 요한복음에서의 사용도 인상적이지만, 누가의 강조는 각별하다. 눅 11:13도 그 대표적 예이다. 마 7:11에 기록된, 아버지께서 구하는 자에게 주실 "좋은 것들"(원어에는 복수)이 누가에게 있어서는 단수인 성령이다(눅 11:13).

'누가-행전'의 또 하나의 핵심 주제-선지자

위에서 제시한 예들과 같이, 누가복음과 사도행전은 각각 별개의 기록이 아니라 한 저자가 기본적으로 같은 기록 목적을 바탕으로 하여 기록한 시리즈물과 같다. 따라서 두 책 안에서 발견되는 핵심 주제들은 각각의 책에서만 다루어지지 말고 두 책 전체 안에서 폭넓게 이해돼야 한다. 이러한 전제로 접근할 때, 스데반 집사의 설교에서 주목해야 하는 주제는 '선지자'이다.

이스라엘 역사기와 같이 느껴지는 지루하기까지 할 정도로 긴 스데반 집사의 설교에서 소개되는 중요한 두 인물이 한 분은 물론 예수님이시고, 또 한 사람은 구약의 대표적 인물인 모세다. 그들이 어떤 존재였는지에 대해 스데반 집사는 이렇게 규정한다: "하나님이 너희 형제 가운데서 나와 같은 선지자를 세우리라 하던 자가 곧 이 모세라"(행 7:37). 즉, 모세는 자신을 선지자라고 말하면서 자신과 같은 선지자가 이스라엘 사람 중에서 세워질 것이라 하였다는 것이다. 물론 그 모세 같은 선지자가 예수님이시다. 스데반 집사는 모세가 선지자이며, 예수께서 모세가 오시리라 예언하였던 '그 선지자'라고 선포하고 있다.

그런데 이 '선지자'라는 주제는 이 스데반 집사의 설교에서뿐만이 아니라 '누가-행전' 전체를 통해 강조되고 있는 주요 주제이다. 누가복음은 세례요한에 대해 "지극히 높으신 이의 선지자"라 일컬음을 받게 되리라는 예언과 함께 소개한다(눅 1:76). 안나도 선지자로 소개한다(눅 2:36). 예수님의 "선지자가 고향에서는 환영을 받는 자가 없느니라"(눅 4:24)는 선언을 통해 예수께서 선지자이셨음을 증거한다. 나인 성 과부의 아들이 살아났을 때 예수님에 대한 사람들의 평가는 "큰 선지자가 우리 가운데 일어나셨다"(눅 7:16)이다. 그 유명한 "화 있을진저"로 시작되는 책망(눅 11:42-52)에서는 아벨과 사가랴 까지 선지자에 포함된다(11:50-51). 엠마오로 내려가던 두 제자도 예수님을 "하나님과 모든 백성 앞에서 말과 일에 능하신 선지자"(눅 24:19)였다고 말한다. 이런 '선지자' 이해는 누가의 첫 번째 책인 누가복음에 독특한 것이다.

누가의 두 번째 책인 사도행전에서의 '선지자'에 대한 강조도 역시 두드러진다. 베드로는 다윗이 선지자였다고 선언한다(행 2:30). 또한 이스라엘 군중들에게 선지자들의 예언을 강조하고 소개하면서(행 3:18, 21, 24) "너희는 선지자들의 자손"이라고 말하고(행 3:25), 구약의 오리라 한 참 선지자가 예수님이시고 그 말씀을 듣지 않으면 멸망 받을 것이라고 선포한다(행 3:22-23). 스데반의 설교에서는 예수께서 '모세 같은 선지자'이셨음을 증언하면서(행 7:37) 이스라엘 백성들의 조상들이 계속해서 선지자들을 핍박하였고 이제 그들은 참 선지자 예수님까지 십자가에 못 박았음을 지적한다(행 7:52). 고넬료의 집에서 설교할 때도 베드로는 '예수 그리스도에 대해 모든 선지자가 증언하였다'(행 10:43)고 말한다. 사도행전 곳곳에서 선지자들의 존재와 활동은 중요하게 평가되고 있다(행 12:27-28; 13:1; 15:32; 21:10).

바울도 비시디아 안디옥에서 설교를 하면서 사무엘도 선지자로 규정하고(행 13:20), 예수님을 십자가에 못 박은 일은 선지자들의 말을 알지 못하여 그리했고 선지자들의 말을 응하게 하였다고 선포하며(행 13:27), "너희는 선지자들을 통하여 말씀하신 것이 너희에게 미칠까 삼가라"(행 13:40)고 경고한다. 예루살렘 공회의에서도 야고보는 "선지자들의 말씀이 이와 일치하도다"라고 아모스 선지자의 말씀을 인용하며 자기의 의견을 덧붙여 결론을 짓고 있다. 바울은 아그립바 왕 앞에서 "변명"하면서 "하나님의 도우심을 받아 내가 오늘까지 서서 높고 낮은 사람 앞에서 증언하는 것은 선지자들과 모세가 반드시 되리라고 말한 것밖에 없다"(행 26:22)고 하고,

"아그립바 왕이여 선지자를 믿으시나이까 믿으시는 줄 아나이다"(행 26:27)하며 아그립바를 압박한다. 이와 같이, 누가복음과 사도행전 두 권의 책을 통한 '선지자'에 대한 강조는 특별하고 일관되며, 따라서 두 책을 이해하는 작업에 있어서 '선지자'라는 주제는 충분히 주목되어야 한다.

'선지자들' vs. '조상들'

스데반 집사의 설교에 나타나는 대표적 선지자 모세의 삶은 이스라엘 백성들에게 환영받고 추앙되는 존재가 아니다. 스데반 집사는 이스라엘 백성들이 그렇게 자랑하고 자부하는 그들의 조상들이 계속해서 모세를 배반하고 하나님께 반역했다는 점을 지적한다. 그래서 스데반 집사의 변론 중 "선지자"에 대비되는 용어는 이스라엘 백성들의 "조상들"이다. 이런 맥락에서 그는 이 "조상"이란 용어를 의도적으로 거듭거듭 사용하고 있는 것으로 보인다(행 7:9, 11, 12, 15, 19, 32, 38, 39, 44, 45, 51, 52).

그 "조상들"은 요셉을 시기하여 애굽에 팔았고("여러 조상이 요셉을 시기하여 애굽에 팔았더니" 9절), 모세의 선한 의도도 헤아리지 못하였고("그들이 깨닫지 못하였더라" 25절), 모세를 위협하여 도주하도록 하였으며(26-29절), 모세의 권위를 인정치 않고 배척하였고("그들의 말이 누가 너를 관리와 재판장으로 세웠느냐 하며 거절하던" 35절), 그를 복종치 않고 거절하였고("우리 조상들이 모세에게 복종하지 아니하고자 하여 거절하며" 39절), 우상을 만들어 제사하여 약속의 땅에서 쫓겨남을 자초하였다("그들이… 그 우상 앞에 제사하며 자기 손으로 만든 것을 기뻐하더니…

하나님이 외면하사 그들을… 버려두셨으니…"40–43절). 결론적으로 스데반 집사는 단호하게 지적한다: "목이 곧고 마음과 귀에 할례를 받지 못한 사람들아 너희도 너희 조상과 같이 항상 성령을 거스르는도다. 너희 조상들이 선지자들 중의 누구를 박해하지 아니하였느냐 의인이 오시리라 예고한 자들을 그들이 죽였고 이제 너희는 그 의인을 잡아준 자요 살인한 자가 되나니 너희는 천사가 전한 율법을 받고도 지키지 아니하였도다"(51–53절).

따라서 이 설교를 통해 스데반 집사가 전달하는 메시지는 분명해진다: '당신들의 조상들은 모든 선지자를 핍박했고, 이제 당신들도 오시리라 한 그 선지자 예수를 죽였다'라는 것이다. 이 지적은 정확했고, 이 변론에 마음의 찔림을 받은 유대인들은 더 이상 그 말을 듣기를 거부하며 귀를 막고 소리를 지르며 달려들어 스데반 집사를 돌로 치게 되었던 것이다.

핍박의 결과

그러나 널리 이해되고 있는 바처럼 이 스데반 집사의 순교는 단순한 죽음으로 끝나지 않는다. 그 죽음은 예루살렘에 모여 있던 성도들이 흩어져 복음을 증거하는 교회 부흥의 동기가 되었으며, 또 한편으로는 그 죽음에 적극적으로 연루되었던 바울의 회심으로 연결된다. 이러한 스데반 집사의 죽음에 대한 긍정적 이해 또한 사도행전 전체에 걸쳐 일관되게 나타나는 하나의 패턴이다.

누가는 교회의 역사에 나타나는, 박해의 결과로 인한 하나님 나라의 확장과 교회의 궁극적 승리를 간파했고, 이 사실을 사도행전에 일관되게 소개하고 있다. 사도들에 대한 첫 박해는 성령의 재 충만과 더욱 담대한 복음전도의 기회가 되었다(행 4:23-31). 사도들을 향한 채찍질도 그들을 굴하지 못하게 했으며 오히려 더욱 열심 있는 신앙생활과 전도의 촉진제가 되었다(행 5:40-42). 스데반의 순교는 성도의 모든 땅으로의 흩어짐과 바울의 회심의 계기가 되었다(행 7:58-8:4). 헤롯이 사도 야고보를 죽인 사건(행 12:1-3)은 어떠한가? 결국은 오히려 헤롯 자신이 비참한 죽임을 당하게 되고(행 12:20-23) 하나님의 말씀은 흥왕해진다(행 12:24). 바울의 돌로 맞음(14장), 빌립보 감옥에서의 수욕(16장) 등 사도행전에서 발견되는 모든 성도의 고난의 결과는 긍정적이다. 심지어 바울의 고난은 오히려 바울이 그토록 가기를 소망했던 로마에 이르러 복음을 자유롭게 증거 하는 기회가 된다. 이런 이해 하에서 사도행전의 결어인 마지막 절은 의미심장하다: "바울이… 하나님 나라를 전파하며 주 예수 그리스도에 관한 모든 것을 담대하게 거침없이 가르치더라"(행 28:31).

속 선지자행전

초대 교회 당시의 극렬했던 유대인들의 박해 속에서, 교회 역사를 통해 증명되는 종국적 신앙의 승리를 상기시키고 확인시켜 주는 누가의 메시지는 당시 성도들에게 큰 힘과 위로가 되었을 것임은 분명하다. 그러나 이 메시지는 사도행전뿐만이 아닌 계속되는 역사의 교훈이다. 성도에게는 심지어 죽음까지도 무가치하지 않다. 아벨은 죽었으나 그 피는 오히려 믿음으로 말하고(히 11:4), 첫 순교자 스데반의 죽음은 무수한 생명의 열매를 낳게 하였다. 사실 영원한 나라의 실재를 믿음으로 소유한 그리스도인들에게는 죽음과 삶을 넘어선 가치가 있다. 사도들의 행전은 끝났다. 그러나 성령의 행전, 구약의 선지자들과 예수 그리스도와 바울의 뒤를 이어 우리에게로 까지 연결되는 선지자들의 행전은 계속 진행되고 있다. 이 선지자들의 행전은 종국적인 승리의 역사이며, 그리스도의 사람들은 누가가 확증하여 보여주고 있는바와 같은 그 보장된 승리의 싸움을 싸우고 있다.

9장

"여자는 교회에서 잠잠하라"는 후대 삽입인가?

– 성경의 난구를 문맥과 배경으로 조화롭게 읽기 1

사도행전에 의하면 바울 사도는 여러 여인과 믿음의 유대를 갖고 함께 사역하였다. 빌립보에서는 강가에 모인 여인들에게 말씀을 전하던 중에 루디아라는 여인이 예수님을 영접하고 온 가족이 세례를 받게 된다. 이 여인은 강권하여 바울 일행을 자기 집에 유숙하게 하였고, 그 집에서 빌립보 교회가 시작되었다고 추정된다(행 16:12-15). 고린도에서는 브리스길라라는 여인이 장막을 만들며 바울과 함께하였고, 그녀는 후에 남편인 아굴라와 함께 당대의 유명한 성경 교사 아볼로에게 성경을 풀어 가르치기까지 한다(행 18:1-3). 또한 아덴 전도의 결과로 얻은 여러 회심자의 이름 중에는 단 두 사람이 거명되는데 그중 한 사람이 다마리라 하는 여자이다(행 17:34).

여성의 역할의 중요성에 대해 바울서신 중에서는 로마서에 두드러지다. 이 서신의 마지막 장인 16장에서 바울의 안부를 전하기 위해 등장하는 이름 중 약 반이 여성이다. 게다가 16장을 시작하면서 뵈뵈라는 여인이 나오는데 그 여인은 "여러 사람과 나(바울)의 보호자"(롬 16:1)로 소개된다. 여기에서 "보호자"로 번역된 헬라어 '프로스타티스'($\pi \rho o \sigma \tau \alpha \tau \iota \varsigma$)는 본문의 문맥에서는 "후원자"로 번역되는 것이 더 정확하다고 할 수 있는데, 일반적으로 당시에 재정적으로 후원하거나 법률적으로 조언해 주는 사람을 의미한다. 바울의 후원자로 인정받았던 뵈뵈는 바울의 편지를 로마에 전달한 사람인 것으로 보이는데, 당시의 편지 전달자는 단순히 서신을 전달하는 사람으로 그치지 않고 종종 그 편지를 보내는 사람의 대사와 같은 임무를 수행하였다. 즉, 편지를 보내는 사람의 의중을 전달하고, 그들에게서 질문도 받고 답변도 해 주며, 그들의 반응과 질문들을 다시 그 편지 주인에게 전달하는 일을 하였던 것이다. 뵈뵈의 역할이 바로 이것이었고, 따라서 뵈뵈라는 여인은 바울에게 대단한 신임을 얻고 바울 사역의 핵심적인 역할을 했던 심복과 같은 사람이었음을 알 수 있다.

바울은 결정적으로 갈라디아서에서 "너희는 유대인이나 헬라인이나 종이나 자유인이나 남자나 여자나 다 그리스도 예수 안에서 하나이니라"(3:28)라고 선언한다. 이 선언은 기독교 만민평등 사상의 기초와 같은 역할을 하는 구절이다.

바울서신의 남녀 차별로 보이는 구절들

그러나 바울서신에는 여성에 대한 이런 입장과 잘 조화되어 보이지 않는 구절들이 발견된다. 그 대표적인 구절들은 다음과 같다.

1. 남자는 하나님의 형상과 영광이니 그 머리를 마땅히 가리지 않거니와 여자는 남자의 영광이니라. 남자가 여자에게서 난 것이 아니요 여자가 남자에게서 났으며, 또 남자가 여자를 위하여 지음을 받지 아니하고 여자가 남자를 위하여 지음을 받은 것이니(고전 11:7-9).

2. 여자는 교회에서 잠잠하라. 그들에게는 말하는 것을 허락함이 없나니 율법에 이른 것 같이 오직 복종할 것이요, 만일 무엇을 배우려거든 집에서 자기 남편에게 물을지니 여자가 교회에서 말하는 것은 부끄러운 것이라(고전 14:34-35).

3. 아내들이여 자기 남편에게 복종하기를 주께 하듯 하라. 이는 남편이 아내의 머리 됨이 그리스도께서 교회의 머리 됨과 같음이니 그가 친히 몸의 구주시니라. 그러므로 교회가 그리스도에게 하듯 아내들도 범사에 자기 남편에게 복종할지니라(엡 5:22-24).

4. 여자는 일체 순종함으로 조용히 배우라. 여자가 가르치는 것과 남자를 주관하는 것을 허락하지 아니하노니 오직 조용할지니라. 이는 아담이 먼저 지음을 받고 하와가 그 후며 아담이 속은 것이 아니고 여자가 속아 죄에 빠졌음이라(딤전 2:11-14).

이 대표적인 네 구절 중 첫 번째와 세 번째 구절은 상대적으로 해석이 쉽다. 무엇보다도 이 두 구절은 일방적으로 여성 쪽에만 가르침을 주고 있는 것이 아니라 동시에 남성 쪽에도 가르침을 베풀며 균형을 이룬다. 고전 11:7-9에 따라오는 구절은 이렇게 부연한다.

그러나 주 안에는 남자 없이 여자만 있지 않고 여자 없이 남자만 있지 아니하니라. 이는 여자가 남자에게서 난 것같이 남자도 여자로 말미암아 났음이라. 그리고 모든 것은 하나님에게서 났느니라(고전 11:11-12).

엡 5:22-24의 여자에 대한 권면도 바로 따라오는 남자에 대한 가르침으로 절묘한 균형을 이룬다.

남편들아 아내 사랑하기를 그리스도께서 교회를 사랑하시고 그 교회를 위하여 자신을 주심 같이 하라 ... 이와 같이 남편들도 자기 아내 사랑하기를 자기 자신과 같이 할지니 자기 아내를 사랑하는 자는 자기를 사랑하는 것이라 ... 너희도 각각 자기의 아내 사랑하기를 자신 같이 하고 아내도 자기 남편을 존경하라(엡 5:25-33)

이러한 균형은 에베소서와 병행을 이루는 골로새서의 말씀에서도 동일하게 발견된다.

아내들아 남편에게 복종하라. 이는 주 안에서 마땅하니라. 남편들아 아내를 사랑하며 괴롭게 하지 말라(골 3:18-19).

반면에, 고린도전서 14장과 디모데전서 2장에서는 고린도전서 11장이나 에베소서 5장(골로새서 3장)에서와 같은 남녀에 대한 균형 있는 가르침이 발견되지 않고, 여성 쪽만 편향적으로 공격하고 있는 것처럼 보인다.

따라서 이 두 가르침은 사도행전과 로마서에 나타나는 바울의 만민 평등 적인 자세와 전혀 조화를 이루지 않는 것으로 여겨진다. 이 소위 난구들은 어떻게 이해될 수 있을까? 이번 장(9장)에서는 먼저 고린도전서 14장의 문 제부터 다루어 보고, 다음 장(10장)에서 디모데전서 2장의 본문을 분석해 보겠다.

고전 14:34-35에 대한 성서학자들의 해석 시도들

본문의 가르침은 사도행전이나 로마서뿐만 아니라 고린도전서 자체 내 의 다른 구절과도 상충 되어 보인다. 그 구절은 11:5절이다.

무릇 여자로서 머리에 쓴 것을 벗고 기도나 예언을 하는 자는 그 머리를 욕되게 하는 것이니 이는 머리를 민 것과 다름이 없음이라.

여기에서는 머리에 쓰는 조건은 있으나 분명히 여자의 기도와 예언이 용인되고 있다. 그러나 14장에서는 "여자는 교회에서 잠잠하라. 그들에게 는 말하는 것을 허락함이 없나니" 라고 하여, 여자가 교회에서 말하는 것 자체를 금지하는 것으로 보인다.

이에 대해 성서학자들은 여러 가지 방법으로 해석의 시도를 하였다. 예 를 들어 14장의 금지조항에 11:5절은 해당하지 않는다든가, 바울이 11장을 쓸 때는 여인의 활동을 허용하였는데 후에 그 가르침을 바꾸었다든가, 14 장에서의 금지는 방언으로 떠드는 것만 막은 것이라든가, 또는 여성의 교회에서의 지도적 위치를 금한 것이라든가, 11장은 사적 집회에서의 활동이고 14장은 공적 집회의 경우를 말한 것이라든가 하는 식이다. 그러나 최근에는 적지 않은 성서학자들이 14장의 구절들을 전혀 다른 관점에서 설명하려 하고 있다. 그것은 '후대삽입(interpolation)'이다.

고전 14:34-36, 후대삽입?

편집비평을 방법론으로 하여 성경을 이해하는 현대 학자들의 상당수는 본문을 후대의 삽입으로 평가절하한다. 즉, 본문은 바울이 쓴 것이 아니라 교회에서의 여자의 활동을 제한하려는 의도로 후대 교회가 삽입했다는 것이다. 성경의 절대적인 권위를 인정하는 정통 기독교인들에게는 전혀 허무맹랑하고 참담하게까지 들릴 수 있는 이런 주장이 사실은 현대 성서학자들에 의해서는 상당히 광범위한 지지를 받고 있다. 그 단적인 예는 학문적으로 매우 고증이 잘 되어 번역되었다고 평가되기도 하는 영어성경인 NRSV(New Revised Standard Version)에서도 발견되는데, 여기에서는 본문을 괄호 안에 넣음으로 본문을 바울이 쓴 것이 아니라 후대에 삽입된 것이라는 학자들의 생각을 반영했다. 한글 성경 중에서도 표준새번역은 본문을 괄호 처리함으로 같은 태도를 보인다.

이러한 '후대 삽입'의 입장을 취하는 학자들의 논지는 비교적 단순하다. 본문의 내용은 로마서나 사도행전에 나타나는 바울의 여성에 대한 의견과 근본적 차이가 있을 뿐 아니라, 본문은 14장 자체 내의 전후 문맥에도 잘 들어맞지 않는다는 것이다. 오히려 바울 이후의 세대에 제 삼자가 기록한 편지로 그들이 평가하는 디모데전서의 가르침(2:11-14)과 그 궤를 같이한다는 것이다. 그들은 본문의 가르침이 바로 전 구절의 예언에 대한 교훈과 잘 연결되지 않는다고 분석하고, 바울 이후의 후대 인물이 교회 안에서의 여성 활동을 제한하기 위해 본문을 끼워 넣어 기록한 것이라고 주장한다.

그러나 이러한 해석의 시도는 무엇보다도 본문비평의 지지를 전혀 받지 못하는 결정적 약점을 가지고 있다. 즉, 바울의 원래 기록에는 본문이 없었는데 후대에 누군가에 의해서 그 부분이 삽입되었다면, 성경 사본들 중에서 그 부분이 빠져있는 사본이 있을 법하다. 그러나 고전 14:34-35은 현존하는 주요사본들에서 거의 예외 없이 발견된다. 따라서 필자의 관점에서는 이 '후대 삽입'설은 학문적으로 상당히 근거가 빈약한 주장이며, 그런 방식으로 성경의 권위를 훼손하고 취하는 선택만이 본문의 해석의 어려움을 해결하는 유일한 방법은 아니라고 판단된다.

본문이 예언에 대한 교훈을 주고 있는 전후 문맥에 잘 들어맞지 않고 이탈되어 있어서, 오히려 문제의 본문을 빼내고 읽으면 그 내용의 흐름이 자연스럽다고 이해하며 '후대 삽입'을 주장하는 학자들의 견해는 필자에게는 본문을 본문 그대로 이해하려고 하는 노력을 충분히 하지 않은 결론으로 보인다. 본문 전에는 분명히 예언에 대한 가르침이 나오고 있다. 그러나 그 예언에 대한 가르침은 그보다 더 넓은 문맥에서 '질서'라는 주제 안에서 등장함에 주목할 필요가 있다. 그래서 34절 바로 앞의 구절인 33절

"하나님은 무질서의 하나님이 아니시오, 오직 화평의 하나님이시니라"도 단순히 '예언'이 아니라 '질서'에 대한 말씀이다. 34절 이하의 핵심교훈도 질서다. 또한, 본문 앞의 교훈이 예언에 초점을 두고 있다고 하더라도 34절 이하에서 금지하는 여자의 행동이 예언과 관련되지 않는다고 할 수도 없다. 그러므로 단순히 34-35절의 내용을 이해하기 어렵다고 해서 바울이 쓴 것이 아니라고 그 구절을 잘라내어 삭제해 버리려는 시도를 하는 것은 성경의 권위를 인정하는 신앙인의 자세가 아닐뿐더러 신중하게 학문을 하는 자세도 아니라 할 것이다.

고전 14:34-35절의 이유-특별한 교회에 특별한 교훈!

다른 곳에 나타나는 바울사도의 여자에 대한 자세와 그 흐름을 달리하는 것으로 보이는 본문에 대한 이해의 열쇠는 전후 문맥 속에 있다. 분명히 바울 사도는 그 전 구절들에서 은사와 질서에 대해서 말씀하고 있다. 그리고 34-35절에서 여자들이 교회에서 잠잠할 것을 요구한다. 따라서 바울사도는 고린도교회 여자들의 교회를 혼란케 하는 행동에 대해서 강하게 경고하며, 절제와 질서를 요구하고 있는 것이다.

사실 이러한 강한 경고는 바울사도가 다른 교회에 보여주고 있는 태도와는 사뭇 다르다. 그러나 그렇다고 하여서 바울이 고린도전서에서는 그의 여자에 대한 기본적인 자세를 버린 것도 아니고, 또 본문이 바울적이 아니라고 성급히 단언해서도 안 된다. 바울 사도는 교회에서의 여자의 활동에 대한 긍정적인 표명을 이미 앞선 11장에서 하였다. 그러나 고린도교회는 특별한 교회, 불행하게도 특별히 많은 문제를 가진 교회였다. 바울 사도는 그 문제들을 고린도전서에서 하나하나 다루고 있는데, 그런 문제들의 핵심에 일단의 여자들, 특히 은사에 과도히 집중하였던 여자들이 있었다고 보인다. 그리고 그들의 지나친 은사 행위는 교회의 질서를 깨뜨리고 가정과 사회에 큰 부덕을 끼치는 위기를 초래하였다. 그래서 바울 사도는 자신에게만 그런 능력이 임했다고 자부하며 교회를 소란케 하는 고린도교회 여자들에게 강한 경고를 하는 것이다. 이러한 맥락에서 34-35절에 따라오는 36절은 의미심장하다. "하나님의 말씀이 너희로부터 난 것이냐, 또는 너희에게만 임한 것이냐."

바울 사도가 고린도교회의 특수상황으로 인해 그 교회에만 이런 지나칠 정도의 강한 경고를 여자들에게 하였다는 관찰은 바울 사도의 마지막 안부의 글에서도 그 지지를 얻을 수 있다. 바울 사도는 그의 편지를 마무리하면서 "아굴라와 브리스가와 및 그 집에 있는 교회가 주 안에서 너희에게 간절히 문안하고"라고 한다(고전 16:19). 여기에 등장하는 아굴라와 브리스가는 초대교회의 유명한 교회 지도자 부부였다. 그리고 남자보다 여자가 더 유명하고 영향력이 있는 사람이었음이 분명하다. 그래서 이 부부를 소개하는 성경의 구절들은 사도행전에서 처음 그 부부를 등장시키는 경우(행 18:2)를 제외하고는 모든 경우에 있어서 아내의 이름이 남편의 이름보다 앞서 소개되고, 바울도 로마서와 디모데후서에서 브리스가를 먼저 씀으로 그녀의 지도적 존재를 인정했다(행 18:18, 26; 롬 16:3; 딤후 4:19). 그러나 바울은 유독 고린도교회에 보내는 편지에서는 그 순서를 바꾸어 "아굴라와 브리스가"라고 남자를 앞세우고 있다. 이는 바울이 그 이름을 상례대로 브리스가를 먼저 쓸 때, 고린도교회 여자들이 이를 빌미로 여자들의 지도적 위치를 다시 주장할 수 있는 구실을 주고 싶지 않았을 것으로 추정할 수 있다. 바울은 여기에서 그의 여자에 대한 기본적 입장을 바꾸고 있는 것이 아니라, 주로 여자들에 의해 소란스럽게 된 고린도교회의 특수 상황에서 그 수신자의 상황에 좀 더 맞춘 교훈을 주고 있는 것이다. 여기에서 다시 한번 발견되고 확인되는 것은 '율법 아래에 있는 자들에게는 율법 아래에 있는 자처럼, 율법 없는 자들에게는 율법 없는 자처럼'(고전 9:21-21)이라고 천명한 바울 사도의 전도/목회 철학이며, 이를 실천하는 과정에서 보여주는 바울 사도의 지혜와 재치이다.

10장

딤전 2:11-15절은 바울의 성 차별적 시각인가?
- 성경의 난구를 문맥과 배경으로 조화롭게 읽기 예 2

여자는 일체 순종함으로 조용히 배우라. 여자가 가르치는 것과 남자를 주관하는 것을 허락하지 아니하노니 오직 조용할지니라. 이는 아담이 먼저 지음을 받고 하와가 그 후며 아담이 속은 것이 아니고 여자가 속아 죄에 빠졌음이라(딤전 2:11-14).

위의 구절은 고전 14:33-36과 함께 바울의 여성에 대한 태도를 곡해시키기에 충분한 구절이다. 이 두 구절은 사도행전이나 로마서 등에서 볼 수 있는 바울의 만민평등적인 자세와 전혀 조화를 이룰 수 없어 보이기 때문이다. 심지어 많은 여성신학 진영의 사람들은 고전 14장과 딤전 2장 두 본문을 이유로 바울을 성차별론자의 원조 격으로 공격하기도 한다. 그들에게 예수는 여성 해방론자이지만 바울은 타도의 대상이기까지 하다.

불공정한 평가를 받는 바울

그러나 바울을 성차별론자로 규정하는 것은 공정한 평가라고 볼 수 없다. 무엇보다도, 바울을 성차별론자로 보이게 한 것은 바울서신 자체의 증언보다는 바울 이후 초대 교부들에 의해 왜곡된 바울서신의 해석과 그 이용이 더 큰 영향을 미쳤다고 보는 것이 정당하다. 대표적인 예로, 이단과의 싸움의 선봉에 섰던 대표적인 신학자 터툴리안(A. D. 150-220)은 이단교회에서의 여성의 활동이 도를 지나쳤다고 판단했고, 그러한 흐름이 정통교회에 유입되는 것을 철저히 차단하기 위해 여성의 교회 활동에 강력한 제재를 가했다. 이때 그는 바울서신의 일부 구절들, 즉 고린도전서와 디모데전서의 구절들을 편향되게 왜곡하고 과장함으로 자신의 주장을 뒷받침하려 하였다. 예를 들어 그는 이렇게 말한다:

"...너희 여자들은 고통과 괴로움 속에서 아이를 낳게 된다. 그리고 너는 네 남편을 사모하고 네 남편은 너를 다스린다." 너는 네가 이브인 것을 알지 못하느냐? 너 여성에 대한 하나님의 심판선고는 이 세대에 여전히 살아 있다. 그러므로 그 죄책도 역시 필연적으로 살아 있다. 너는 악마의 출입구다. 그 금지된 나무를 범한 자다. 신성한 법을 첫 번째로 저버린 자다. 악마가 감히 공격할 엄두를 내지 못했던 남자를 유혹한 자다. 너는 하나님의 형상을, 바로 남자를, 그렇게도 쉽게 파괴해 버렸다...(터툴리안, 「여성의 의복에 대해」1. 1).

이 터툴리안식 바울서신의 해석과 이용은 상당히 근대까지도 여성의 교회와 사회에서의 활동을 제한하는데 상투적으로 이용되었고, 따라서 바울 사도의 여자에 대한 기본자세는 극도로 성차별적이라는 인식이 적지 않은 사람에게 보편화되었다.

그러나 문제의 구절인 고전 14:34-36과 딤전 2:11-14은 그 해당 구절만 뽑아서 읽을 때 받게 되는 도발적인 느낌만 갖고 그 의미를 성급히 단정하지 말아야 한다. 이 구절들은 이 교훈이 쓰이게 된 배경과 전후 문맥을 정확히 파악하고 본문의 분석도 철저히 한 이후에야 정당한 해석이 가능하다. 지난 장(9장: "여자는 교회에서 잠잠하라"는 후대 삽입인가?)에서는 이러한 관점에서 고전 14:34-36의 해석을 시도하였다. 그 시도의 결과는 사도행전과 로마서 등에서 보이는 바울 사도의 만민 평등적인 인간관을 기초로 한 여성관과 모순되지 않는 관점에서의 문제 구절에 대한 해석의 가능성이었다. 이러한 방식의 해석이 디모데전서에도 적용된다.

고전 14:34-36과 딤전 2:11-14의 해석상의 연관성

바울의 여성관에 대한 두 문제 구절은 흥미로운 관련성을 갖고 있다. 그 하나는 오해와 연관되어 있고, 다른 하나는 해결의 실마리와 연관되어 있다.

첫째는, 두 구절의 유사성으로 인한 오해의 문제이다.

바울의 여성관을 엿볼 수 있는 구절 중에서 이 두 구절은 대표적으로 아니, 거의 유일하게 여자에 대해 도발적인 구절들이다. 그런데 대부분의 현대 성서 비평가들은 디모데전서를 바울의 저작이라고 인정하지 않을 뿐 아니라, 바울과는 상관이 없는 후대 교회가 당시 교회의 필요성에 의해서 기록하고 바울의 권위를 부여하여 유포한 문서라고 이해한다. 따라서 그들에게는 디모데전서의 내용이 바울의 가르침과 다른 것이 전혀 문제가 되지 않는다. 오히려 이 다른 점은 디모데전서가 바울의 저작이 아니라는 그들의 주장을 뒷받침하는 유력한 증거일 뿐이다. 그렇게 본다면 바울서신 중에서 바울의 만민 평등적인 사상과 마찰을 일으키는 구절은 유일하게 고린도전서의 구절뿐이다. 이에 대해 지난 장(9장)에서 고찰하였듯이 여러 비평가는 고전 14:34-36을 바울이 아닌 후대 사람이 삽입한 구절로 치부한다. 그들은 더 나아가, 디모데전서 2장의 저자가 고린도전서 14장에 문제의 구절을 삽입했다고 주장하면서 두 구절 자체에는 문구상에 상당한 유사성이 있다고까지 한다. 그러나 이러한 제안은 학문적 균형감각을 상실한 무리한 해석으로 볼 수밖에 없다. 무엇보다도, 심지어 저명한 여성신학자 피오렌자(Elisabeth Schüssler Fiorenza)도 동의하는 바처럼, 두 구절 사이에는 객관적으로 인정할 만한 문구상의 유사성이 없다.

둘째는, 그 해결의 실마리의 유사성이다.

필자는 고린도전서 전체 상황의 포괄적 이해를 바탕으로 고전 14:34-35을 주해함으로 문제의 해결을 시도하였다. 그리고 그 해석에 있어서 34-35절에 붙어 따라오는 의미심장한 구절인 36절이 중요한 해석의 열쇠 역할을 하였다. 이와같은 현상이 딤전 2:11-15에서도 발견된다. 즉, 이 구절의 해석에 대한 어려움은 디모데전서의 전반적인 내용 이해를 바탕으로 본문의 의미를 정확히 파악할 때 극복될 수 있다. 사실 이러한 성경해석은 성경 내의 모든 구절 특히 소위 난구를 풀어내는 기본적이며 유일하게 정당한 방법이기도 하다. 관련하여 흥미로운 사실은 디모데전서 2장에서도 문제해결의 열쇠는 바로 뒤에 따라오는 구절인 15절에 있다.

디모데전서 전체 안에서의 2:11-15의 의미

디모데전서의 여자에 대한 가르침은 2:11-15에서만 발견되는 것이 아니다. 디모데전서 전체를 읽어 내려가다 보면 이 구절 외에도 여자를 대상으로 한 가르침이 상당히 많다. 3장 11절에는 남자 집사에 이은 여자 집사의 자격 요건이 제시된다. 3장 11절의 "여자들"은 전후 문맥상 여자 집사임이 분명해 보이는데, 설혹 그렇지 않을 가능성을 완전히 배제하지는 않는다고 하더라도 여자 지도자에 대한 권면임은 분명하다. 5장의 무려 삼분의 이가 여자들에 대한 교훈이다. 그리고 보면 디모데전서의 가르침은 상당 부분 여자에게 집중되어 있다. 이것은 다른 서신들과 비교해 볼 때 특기할 만한 일이다.

그런데 이 여자에 대한 교훈에서 사뭇 의외인 사실이 발견되는데 그것은 2:11-14을 제외한 여자에 대한 교훈의 대부분이 긍정적인 권고라는 점이다. 무엇보다도, 2장 후반의 경고와 비교하여 볼 때, 바울이 3장 11절에서 여자 집사로 볼 수 있는 여성 지도자를 인정하며 그 자격에 대해 권면하였다는 사실은 충격적이기까지 하다. 왜냐하면 집사는 당시 교회에서 현대와는 비교할 수 없는 지도적 위치를 차지하고 있었던 중요한 직책이었던바, 2장 후반에서는 여자는 가르칠 수 없고 다만 순종하며 잠잠히 배우기만 하라고 한 바울이 3장에서 여자의 교회 지도자로서의 직분에 대해 적극적인 교훈을 주고 있기 때문이다. 그뿐만 아니라 5장에서는 "참 과부"에 대한 가르침이 나오는데, 바울은 그 여인들을 존대하라고 하며(3절) 그들의 교회 공동체 안에서의 활동에 대해 칭찬하며 그들을 높이 평가하고 있다.

바로 여기에서 주목해야 하는 사실은 5장에서 거론되는 존대 받을 "참 과부"는 모든 과부를 지칭하는 것이 아니라는 점이다. 교회에 유익을 끼치고 덕이 되는 "참 과부"의 조건 중 하나는 '나이가 많은 여자', 좀 더 구체적으로 육십이 넘은 여자이다(9절). 반면에, 바울은 이 과부들에 대한 권면의 후반부인 3장 11절부터 한 부류의 여자들을 강하게 책망하고 있는데, 그들은 바로 "젊은 과부들"이다. 바울은 그들에 대해 "그들은 게으름을 익혀 집집으로 돌아다니고 게으를 뿐 아니라 쓸데없는 말을 하며 일을 만들며 마땅히 아니할 말을 하나니"라며 책망한다. 이런 일들이 교회 공동체에 치명적인 불이익을 끼친다는 사실에 있어서는 목회자들에게 이견이 없을 것이다. 그러한 부류의 "젊은 과부들"의 불안정성과 해악, 심지어 변절에 대해 바울은 "이미 사단에게 돌아간 자들도 있도다"(15절) 라고까지 말하며 한탄하고 있다. 이러한 사실로 추정해 볼 때, 디모데전서의 교회에서 특별히 문제가 되었고 경계의 대상이 되었던 사람들은 "젊은 과부"들이라고 지칭되었던 특정한 부류의 여자들이었다.

따라서 바울의 여자들에 대한 교훈을 디모데전서 전반에 걸쳐 이해할 때, 2:11-14의 강한 경고는 그 "젊은 과부들"로 인해 주어졌으며, 그들을 특별히 지목하면서 주어진 가르침이라는 해석을 가능케 한다. 그리고 문제의 2:11-14절 다음 구절로서 소위 난구라고 일컫는 2:15절은 5장의 내용과 연관되어 아래와 같이 이러한 추정이 합리적인 대안임을 입증하는 구절로 해석될 수 있다.

"여자는 해산함으로 구원을 얻으리라"

그러나 여자들이 만일 정숙함으로써 믿음과 사랑과 거룩함에 거하면 그 해산함으로 구원을 얻으리라(딤전 2:15).

이 구절은 성경 안에서도 가장 해석이 난해한 구절 중 하나로 여겨지는 바, 여기에서 특히 "해산"과 "구원"이란 말이 영적인 뜻인지 육체적인 뜻인지 본문만 보아서는 명확지 않은데, "해산"에 대해서는 일반적으로 다음과 같은 해석의 시도들이 있었다.

- '정절로써 믿음과 사랑과 거룩함에 거하기'를, 해산하는 것처럼 인내로 한다면 구원에 이른다는 뜻으로 보는 견해.
- "구원"을 안전으로 보고 자녀를 낳아 기름으로 생활의 안정됨을 얻을 것으로 보는 견해.
- 창 3:16에 의하면 해산의 고통은 범죄의 형벌인데, 이를 치름으로 하나님의 뜻에 복종하게 되는바 구원을 얻게 된다는 뜻으로 보는 견해.

- 여자들이 밖에서 활동함으로가 아니라 가정에서 자녀를 기름으로 구원의 근거가 된다는 뜻으로 보는 견해.
- '큰 해산', 즉 마리아가 예수님을 해산한 사실 때문에 그 예수님을 믿는 자마다 구원을 얻게 되었다는 뜻으로 보는 견해.

그러나 이러한 여러 시도는 아쉽게도 본문 자체에 국한된 해석으로 그치고 있다. 그 어느 것도 그 해석을 다른 구절과의 연관성을 통해 정당하게 입증하지 못하고 있어 보인다. 그러나 필자의 관찰에서는 본문과 5장은 밀접한 관련성이 있다. 무엇보다도 딤전 2:15절의 "해산함"을 위해서 쓰인 헬라어 단어가 신약성경에서는 딤전 2:15절과 5:14절 두 곳에서만 쓰이고 있다.

그러므로 젊은이는 시집가서 아이를 낳고 집을 다스리고 대적에게 비방할 기회를 조금도 주지 말기를 원하노라(딤전 5:14).

여기에서의 "젊은이"는 물론 "젊은 과부"를 지칭하고, 이 구절의 "아이를 낳고"(헬 '테크노고네오')와 딤전 2:15절의 "해산함"(헬 '테크노고니아')은 같은 헬라어 용어에서 왔다. 따라서 2:11-14에 기록된 "여자"에 대한 경고는 당시의 모든 여자에게 주어진 것으로 일반화하기보다는 특별히 디모데전서의 수신 공동체 안에서 문제를 일으키고 있던 "젊은 과부"들을 염두에 둔 말씀이라고 이해할 수 있다. "젊은 과부"들은 시집가서 아이 낳고 집을 다스리는 일을 먼저 해야지, 돌아다니면서 문제 일으키고 교회에 짐을 지우는 존재가 되지 말라는 말씀이다.

그러고 보면, 딤전 2:11-15에는 남편에 대한 언급이 전혀 없다. 이 사실은 고린도전서에서는 "집에서 자기 남편에게 물으라"(14:35)고 한 것과 비교하면 간과할 수 없는 차이점이다. 이는 딤전 2:11-15의 "여자"에 대한 경고가 남편이 없는 "젊은 과부"를 주 대상으로 한 것이라는 해석을 뒷받침하는 또 하나의 증거가 된다. 이런 이해를 하고 헬라어 원문의 순서를 존중하여 15절의 해석을 시도하면 이런 말이 된다. "그러나 여자들은, 특히 젊은 과부들은, 재혼해서 가정을 갖고 아이를 낳고 잘 기름으로 개인적으로나 교회적으로 안정되고 덕을 세우는 상태(신분)에 이르게 될 것이다, 그들이 정절로써 믿음과 사랑과 거룩함에 계속 거한다면 말이다."

난구의 조화로운 해석의 필요성

고린도전서와 디모데전서에서 발견되는 문제의 구절들은 자칫 바울과 성경에 대해 부정적인 평가를 도출하게 할 수 있다. 바울을 극렬한 성차별론자로 깎아내리게 하든지, 바울의 가르침 자체 간에 상호 모순이 있다고 보게 하든지, 또는 성경 기록 자체에 문제가 있다고 보아 성경의 권위에 문제의 화살을 돌리든지 하는 것 등이다. 그러나 이런 평가는 해당 구절들을 단편적으로 이해한 데서 기인한 오해이다. 당시 수신 공동체의 상황을 좀 더 충분히 고려하며 문제의 구절들을 면밀하게 분석하면, 그 도발적인 책망과 경고는 당시 수신자의 특수 상황, 즉 고린도교회와 디모데의 교회(에베소교회)에서 문제를 일으키고 있던 여자들 때문이었던 것을 알 수 있다. 그러므로 그 교훈들이 바울의 만민평등적인 기본자세와 배치된다고 보는 것은 성급한 판단이다. 이 문제에 있어서, 고린도전서와 바울서신에는 다른 서신들보다 월등히 많은 여인의 활동이 기록되어 있고, 여인들에 대한 가르침도 많으며, 그 가르침 중에는 문제의 일부 구절 외에는 여인들에 대한 칭찬과 긍정적 권면, 그들의 적극적 교회 활동에 대한 인정이 주를 이룬다는 것은 주목되어야 한다.

교회에서의 여자 활동에 대한 문제 구절들 해석의 시도들에서 보았듯이, 많은 현대 비평가는 성경에서 발견하는 피상적인 문제점들에 대해 성경의 권위를 인정하고 조화의 관점으로 이해를 시도하기보다는 성경 안의 비 사실과 부조화를 전제하고 너무도 쉽게 성경의 권위를 부정하는 쪽으로 방향을 잡는다. 그러나 성경과 성경 기록자의 권위를 인정하고 파괴적이 아닌 조화를 구하는 방향으로 성경해석의 길은 여전히 열려 있고, 그러한 작업은 얼마든지 학문적으로도 설득력 있는 결론을 도출해 낼 수 있다. 이러한 작업이 복음주의 신학자들과 성경을 사랑하고 진지하게 연구하는 많은 사람에 의해 더 많이 활발하게 이루어지기를 소망해 본다.

비평을 넘어선 복음적 성경읽기

발행일 _ 1판 1쇄 2024년 1월 31일
발행인 _ 문창국
지은이 _ 송창원
편집인 _ 전영욱
기획/편집 _ 김요한 강영아 김남선
디자인/일러스트 _ 권미경 하수진
홍보/마케팅 _ 안용환 육준수 이재훈
경영지원 _ 조미정

펴낸곳 _ 도서출판 사랑마루
서울시 강남구 테헤란로64길 17(대치동)

대표전화 TEL (02) 3459-1051~2/ FAX (02) 3459-1070
홈페이지 http://www.eholynet.org
등록 2011년 1월 17일 등록번호/ 제2011-000013호
ISBN 979-11-90459-38-9 03230
가격 10,000원